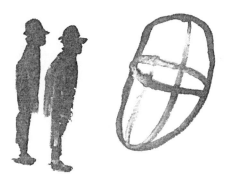

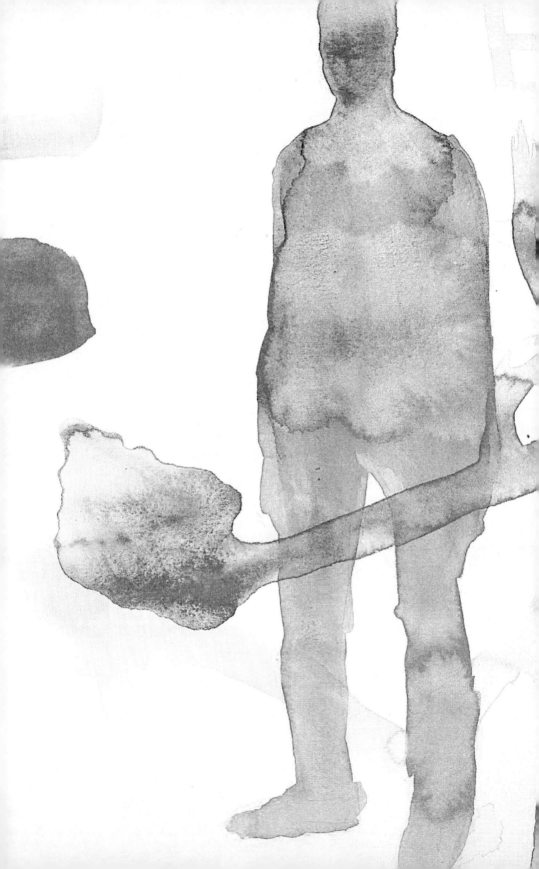

A VERDADE ALÉM DAS APARÊNCIAS - O UNIVERSO INTERIOR
Copyright © 2014 by Samuel Gomes
1ª Edição | novembro de 2014 | do 1º ao 6º milheiro
Impressão sob demanda Setembro de 2019

DADOS INTERNACIONAIS DE CATALOGAÇÃO PÚBLICA

GOMES, SAMUEL

   A Verdade Além das Aparências: o universo interior
   Samuel Gomes.
   EDITORA DUFAUX: Belo Horizonte, MG. 2014

   277p.   16 x 23 cm

   ISBN: 978-85-63365-56-9

      1. Autoconhecimento   2. Espiritualismo
      I. Gomes, Samuel   II. Título

   CDU 133.9

IMPRESSO NO BRASIL   PRINTED IN BRAZIL   PRESITA EN BRAZILO

EDITORA DUFAUX
R. Contria, 759 - Alto Barroca
Belo Horizonte - MG, 30431-028
Telefone: (31) 3347-1531
comercial@editoradufaux.com.br
www.editoradufaux.com.br

 Conforme novo acordo ortográfico da língua portuguesa ratificado em 2008.

Todos os direitos reservados à Editora Dufaux. É proibida a sua reprodução parcial ou total através de qualquer forma, meio ou processo eletrônico, digital, fotocópia, microfilme, internet, cd-rom, dvd, dentre outros, sem prévia e expressa autorização da editora, nos termos da Lei 9.610/98 que regulamenta os direitos de autor e conexos.

Série
autoconhecimento

Samuel Gomes
A VERDADE *ALÉM DAS* APARÊNCIAS
o universo interior

Dufaux
editora

SUMÁRIO

Prefácio, 9

Introdução, 17

Capítulo 01
O caminho de volta para você, 29

Capítulo 02
Desperte sua necessidade mais importante, 39

Capítulo 03
Onde está a sua força?, 47

Capítulo 04
Desenvolva um novo olhar, 55

Capítulo 05
O amanhecer de um novo dia, 73

Capítulo 06
Máscaras que se desfazem, 95

Capítulo 07
Quem é o seu maior inimigo?, 115

Capítulo 08
Os dois tempos, 127

Capítulo 09
Quem é aquele que busca?, 133

Capítulo 10
A sociedade foi feita para você ou você foi feito para ela?, 143

Capítulo 11
Liberte-se do que lhe domina, 165

Capítulo 12
Entre em contato com a natureza de seus conflitos, 175

Capítulo 13
Os perigos de despertar, 187

Capítulo 14
O verdadeiro problema da vida, 195

Capítulo 15
O espelho que você precisa para se conhecer, 205

Capítulo 16
A educação a partir de você, 213

Capítulo 17
O lugar mais importante da vida, 221

Capítulo 18
A única realidade, 227

Capítulo 19
O encontro com a paz, 237

Capítulo 20
Conhecer ou ser a verdade?, 245

Capítulo 21
O despertar do ser, 253

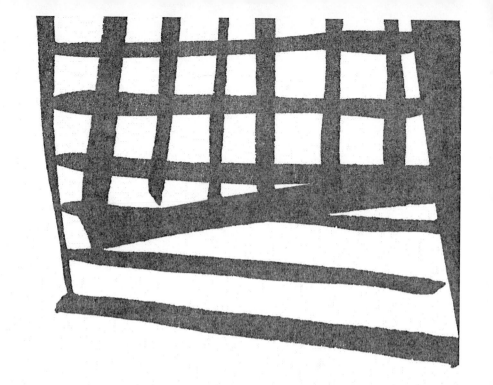

PREFÁCIO

Tendo a oportunidade de apresentar este trabalho, preciso contar ligeira história sobre as circunstâncias em que ele surgiu., preciso contar ligeira história sobre as circunstâncias em que ele surgiu.

Conheci Samuel Gomes em 2011, quando fui indicada a procurá-lo para um atendimento psicoterápico, pois passava por um momento de muitas mudanças em minha vida e necessitava encontrar meu rumo. Nesse primeiro encontro, quando ele me perguntou o motivo pelo qual eu estava lá, fiquei lamuriando por mais de uma hora sobre os problemas de minha vida. Fiz um inventário completo do passado!

Samuel me ouviu com muita calma, sem me interromper nenhuma vez. Quando eu nada mais tinha para acrescentar, ele abriu um sorriso e disse que nosso tempo havia terminado e que me aguardava na próxima sessão, ocasião na qual ele, então, faria algumas colocações.

Saí de lá sem saber como eu tinha conseguido resumir tantas experiências em apenas uma hora e me questionando se isso tinha sido bom ou não. De qualquer forma, senti que dividia um pouco o peso da vida com alguém e que a chama da minha esperança poderia permanecer acesa.

Cheguei à próxima sessão ansiosa para saber qual seria a proposta de tratamento oferecida para consertar meu passado e me preparar para o futuro.

Grande foi a minha surpresa quando Samuel iniciou nosso encontro dizendo que nada do que tinha acontecido comigo no passado seria foco dos trabalhos terapêuticos, da mesma forma que minhas expectativas com relação ao futuro também não teriam lugar ali. Após o impacto da surpresa, pensei: "Então, por que estou aqui? Estou no lugar certo?". Certamente, meu silêncio evidenciou as dúvidas que me tomaram naquela hora.

Com calma, Samuel me esclareceu que tanto o passado como o futuro estavam fora da minha capacidade de intervenção e que o tempo que eu tinha para acessar e trabalhar era o momento presente. Ajudou-me a entender que, quando eu focasse meus recursos no instante presente - tão pequeno e ao mesmo tempo tão importante -, eu seria capaz de realizar muitas coisas e alcançar mudanças expressivas. Convidou-me a adquirir consciência do meu ser dirigindo minha atenção a cada instante da minha vida exatamente quando ele estava acontecendo.

Por um lado, essa abordagem me surpreendeu pela sua simplicidade. Por outro, deixou-me aliviada por saber que, a partir daquele momento, eu poderia recomeçar sem o peso do passado e sem a ânsia do futuro. Poderia descobrir quem eu era de verdade e, com essa descoberta, construir uma nova forma de viver.

A experiência do autoconhecimento me surpreendeu de forma tão ampla e definitiva que posso afirmar que valeu cada minuto do tempo e do esforço dedicado. Perseverei nesse trabalho direcionado por Samuel por mais de dois anos, quando então fui conseguindo caminhar por mim mesma na conquista desse universo desconhecido da minha intimidade. Obviamente, esse tempo nada significa, pois cada pessoa tem o seu próprio tempo. Faço menção a ele aqui somente para exemplificar que precisamos nos dedicar ao autoconhecimento com compromisso e seriedade. Esse trabalho, no início, pode exigir certa orientação, no entanto, a partir do momento em que encontramos o caminho, seguimos com nossos próprios recursos de autoinvestigação.

Finalizado o período da psicoterapia e percebendo a importância dos benefícios que eu havia conseguido com esse trabalho, perguntei a Samuel se haveria a possibilidade de ele escrever um livro sobre a sua proposta de autoconhecimento, de forma que pudesse beneficiar outras pessoas com sua abordagem. Mais uma vez, ele me surpreendeu ao responder: "Já tenho!".

Assim que recebi os originais para análise, senti necessidade de buscar outras pessoas para examinar a clareza do conteúdo expresso. Isso porque, como eu havia vivido na prática a proposta ali apresentada, precisava verificar se outras pessoas, tendo contato com esse conteúdo pela primeira vez, teriam condições de entender a proposta da obra. Criamos, então, aqui na Editora Dufaux, um Grupo de Discussão do livro, que contou com a presença do autor e de diversos indivíduos bem diferentes: jovens, adultos, leigos, estudiosos, membros de vários grupos religiosos; pessoas que já tinham estudado o autoconhecimento e outras que ainda não tinham tido contato com essa experiência.

Na medida em que os estudos eram realizados, eram feitas perguntas ao autor, às quais ele respondia na hora, transformando a teoria em abordagem prática e clara[1]. Foram tão oportunos os questionamentos e tão claras as respostas, que achamos por bem acrescentá--las ao livro após cada capítulo, uma vez que as dúvidas do grupo poderiam ser semelhantes às dúvidas dos leitores.

Posso afirmar que, para todos nós que participamos da construção desse conteúdo, esta foi uma grande oportunidade de crescimento pessoal e do despertar de uma nova consciência diante da vida. Foi uma oportunidade de olharmos para nós mesmos e descobrirmos que a energia que sustenta o universo está dentro de nós, apenas aguardando a oportunidade de ser colocada em ação por nossa vontade.

O trabalho de autoconhecimento aqui apresentado não é apenas uma abordagem sobre esse tema tão importante. É um convite inadiável que surge com a Nova Era, concitando-nos a tomar posse da nossa natureza divina e a nos entregarmos conscientemente ao cumprimento do significado do nosso existir: a implantação do Reino de Deus em nossos espíritos.

Maria José da Costa

Belo Horizonte, junho de 2014

---

[1] Samuel Gomes desenvolve um trabalho de Grupo de Vivências, no qual as pessoas se encontram para entender e praticar o autoconhecimento. Veja mais em: www.samuelgomes.blog.br

APRESENTAÇÃO

Ao longo de minha vida, sempre fui um pesquisador intelectualizado, fortalecido, ainda, pelo fato de já ter recebido orientações espirituais na família. Sentia-me bem com essa característica, acreditando ser bem sucedido por ter atingido a proposta de crescimento que desejava até então. Entretanto, em certo estágio de minha vida, meus pensamentos intensos e desgovernados e minhas emoções perturbadoras dominavam meu mundo íntimo, determinando meu ser em detrimento de minhas vontades. Dessa maneira, um conflito entre meu eu real e meu eu ideal foi criado.

Encontrei, nesse momento, certo limite e percebi que faltava algo para que eu atingisse o crescimento autêntico. Descontente com minha situação, uma necessidade íntima começou a se manifestar em mim. Uma nova consciência estava emergindo sem que eu identificasse sua origem, impulsionando-me a mudar. Restava-me, então, encontrar uma maneira de desvendá-la.

Este livro é fruto desse descobrimento, que se deu, paulatinamente, por meio de um exame constante do que penso e sinto. Entusiasmado com o resultado desse processo, o qual me fez enxergar, de maneira mais consciente, o trabalho que tenho de fazer em mim para refletir de alguma forma a harmonia que observo no universo, decidi compartilhar minha experiência.

Ao longo deste livro, será possível perceber que tentei abranger os vários aspectos do estudo íntimo, os quais influenciam nossas vidas a todo tempo. Aqui, apresento algumas atitudes e reflexões que nos ajudam a direcionar nossa atenção para o universo interior e antevejo, ainda, o que poderá acontecer com as pessoas que estão despertando para esse movimento de autoeducação, o qual, com o passar do tempo, se fará natural e espontâneo.

O objetivo desta obra não é acabar com nossos condicionamentos, pensamentos e emoções, pois estes continuarão tentando (e algumas vezes até conseguirão) nos definir, dominar e perturbar. Seu objetivo, na verdade, bem como o do próprio autoconhecimento, é aumentar nosso grau de consciência a respeito de tudo o que nos acontece por dentro, surpreendendo-nos em uma posição de atenta observação íntima, pois esta é responsável por impedir que nossos pensamentos e emoções voltem a nos conduzir e a nos perturbar da maneira como faziam antes de nossa revolução interior.

Este livro, portanto, não se propõe a valorizar os resultados provenientes do autoconhecimento, mas sim a demonstrar a importância da utilização dessa ferramenta em nossa vida. Além disso, não tem nenhuma pretensão de convencer ou induzir ninguém, pois, aqui, não é apresentada uma fórmula exterior de mudança. É proposto, sim, um aprendizado que só será efetivo quando feito pela própria pessoa, a qual deverá utilizar as informações aqui apresentadas apenas como uma indicação prática, tendo a consciência de que, somente pelo estudo de si e pela convivência direta com seu interior, essa proposta terá um valor genuíno.

Ciente de que a verdade não pertence a ninguém e de que não se encontra exclusivamente em nenhum lugar, adoto aqui a mesma estratégia que Jesus empregou perante Pilatos, quando este lhe perguntou sobre o que seria a Verdade. Naquele instante, Jesus calou qualquer impressão pessoal e deixou que a Verdade falasse por si mesma em todos os aspectos da vida universal. Por isso, não pretenda encontrá-La aqui; descubra-A em você.

Admiro a infinita perspectiva do universo que se abre para nós a fim de que venhamos a descobrir a beleza da Verdade, seja nos referindo a Ela como Deus, seja como Iluminação, Nirvana ou Espírito. Percebo, com o passar do tempo, que Ela passa a refletir em mim em percentuais cada vez maiores, principalmente quando me sinto livre da ilusão de uma fé baseada em valores de indução, e não de descoberta íntima.

Como diz André Luiz: "[...] o anonimato é filho do legítimo entendimento e do verdadeiro amor"[1]. Deus é a expressão viva desse anonimato, não dependendo de nenhuma personalização para ser o que é. Por isso, vamos nós também abrir mão de nossos "eus" para descobrirmos nossa essência divina e conseguirmos entender quem somos. Este é - e sempre será - o propósito de tudo o que existe no movimento extraordinário da eternidade.

[1] Nosso lar (Prefácio). André Luiz pela psicografia de Chico Xavier.

Perguntas e respostas

Por que esse livro não tem como proposta valorizar os resultados provenientes do autoconhecimento, mas sim demonstrar a importância dessa ferramenta em nossa vida?

Esse foco se justifica pelo fato de o autoconhecimento ser um trabalho contínuo e vivo, não tendo, a priori, uma finalidade única. Como nossa tendência é fazer as coisas buscando resultados, perdemos contato com esse fluxo constante da vida, ou seja, preocupamo-nos mais com o fim do que com o início e o meio do processo, que são, na verdade, as etapas que nos garantem maior desenvolvimento.

Vejamos o exemplo da perfeição: a maioria de nós não tem a menor ideia do que é a perfeição e se esquece de olhar o que a impede em nós, ou seja, nossa imperfeição. Trabalhando as imperfeições, a perfeição surge.

Devemos tomar cuidado com o autoconhecimento?

Sim, porque o ser humano procura se vangloriar, se projetar de uma maneira egoísta. Logo, o próprio desenvolvimento do autoconhecimento pode tornar-se uma faca de dois gumes, pois podemos começar a nos vangloriar por supostamente termos o controle sobre nossos pensamentos e emoções ou mesmo começar a projetar um enriquecimento pessoal que ainda não temos.

Por que o autoconhecimento não pode ser transferido de uma pessoa para outra?

Porque o autoconhecimento não é um aspecto cultural, com o qual estamos acostumados e pelo qual somos, em nossa maioria, formados. Estamos acostumados com a aquisição de conhecimentos, a qual, desde a evolução, se fez presente no reino humano. No entanto, para desenvolvermos o autoconhecimento, precisamos perder essa noção de aquisição e trabalhar melhor a ideia de conhecimento íntimo. Como exemplo, pensemos na seguinte situação: quando lemos um ensinamento profundo, tentamos vivenciá-lo em nosso dia a dia. Isso é possível, pois adquirimos aquele ensinamento e o incorporamos em nossa vivência. No entanto, quando estudamos sobre o espírito, não podemos ser o espírito em si, descrito pelo ensinamento, pois, em nossa natureza, já o somos. Querer ser o espírito é uma contradição de desejos, pois não podemos querer ser aquilo que já somos. Dessa forma, o que precisamos é descobrir como ser esse espírito e como explorar esse conhecimento da melhor forma. Por isso, dissemos que, para desenvolvermos a nossa compreensão espiritual, temos de perder essa tendência de aquisição de conceitos e valores para descobrir os conteúdos que já se encontram em nós. E isso só poderá acontecer se cada pessoa viver sua própria experiência. Logo, o autoconhecimento deve ser pessoal, particular e intransferível.

Por que a verdade é relativa e não se encontra exclusivamente em nenhum lugar?

Com a proposta de autoconhecimento, estamos abordando uma nova perspectiva do saber que leva à verdade. Se, antes, o que definia a nossa instrução era a aquisição de informações exteriores, que ficavam armazenadas na memória para posterior aplicação na vida, a proposta, agora, é nos voltarmos a nós mesmos, para estarmos em contato com o fato vivo, estudando-o, de forma a encontrarmos, nele, a verdade. Afinal, não podemos aprender apenas teoricamente a partir daquilo que o outro está dizendo. É preciso que aprendamos na essência, no fato vivido.

É devido à individualização inerente a essa nova perspectiva do saber que dizemos que a verdade é relativa e não pode ser encontrada exclusivamente em nenhum lugar. Afinal, se a verdade está em cada indivíduo, então ela é relativa a cada um (enquanto não expressarmos a verdade única). Além disso, nós a encontramos como consequência do autoconhecimento – que, como dissemos, é um trabalho contínuo e transformador –, de modo que ela está para aquela essência do momento, podendo ser modificada, igualmente ao nosso ser.

Vamos voltar à explicação do espírito: se alguém fala que somos espíritos, precisamos então sentir o espírito que há em nós para compreendermos essa instrução, caso contrário, vamos apenas acreditar no que está sendo dito. Como nosso aprendizado é baseado nessa dinâmica evolutiva, a nova consciência é fruto de um saber desenvolvido de forma diferente. Por meio dele, teremos de perder esse referencial de aprendizado para passar a um registro direto do fato.

Veja que tentamos explicar, mas até a própria explicação pode ser uma armadilha, pois pode se transformar em meras instruções.

O que vem a ser a "infinita perspectiva do universo" da qual você nos fala?

A infinita perspectiva do universo é tudo o que nós desconhecemos, como a natureza íntima de Deus, o infinito da vida e a natureza profunda do ser.

Em *O livro dos espíritos*, há um questionamento sobre o que é algo infinito. A resposta é: "o que não tem começo nem fim, o desconhecido". Dessa maneira, quando os espíritos associam o infinito ao desconhecido, eles estão querendo dizer que existe uma realidade por nós desconhecida. Contudo, nos perguntamos: se só podemos falar de coisas que conhecemos, como vamos expressar essa outra realidade, a qual ninguém sabe qual é?

Basta nos atentarmos para a resposta completa dos espíritos. Além do desconhecido, eles dizem que o infinito é aquilo "que não tem começo e nem fim". Em uma leitura desatenta, temos a impressão de que sabemos o que está escrito ali, mas, de fato, não sabemos, pois só conhecemos o que tem começo e fim, uma vez que nos limitamos em uma informação, em uma medida. Por isso, a infinita perspectiva do universo é tudo aquilo que está nessa outra realidade, ainda desconhecida por nós, a qual não tem começo nem fim.

Qual é a relação entre o anonimato e a verdade mencionada por você?

O anonimato se relaciona à verdade - ou ao "legítimo amor" e ao "verdadeiro entendimento", como citado por André Luiz - à medida que, para sermos a manifestação desta, necessitamos abdicar de nosso eu, perder nosso ego, ou seja, nos tornarmos anônimos.

Amor e sabedoria estão, dessa forma, interligados em uma perspectiva de anonimato.

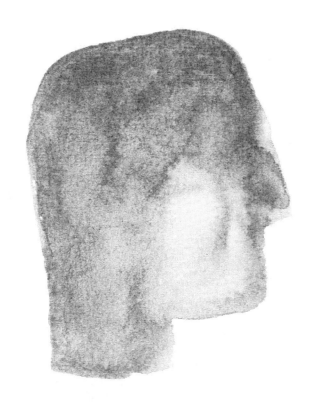

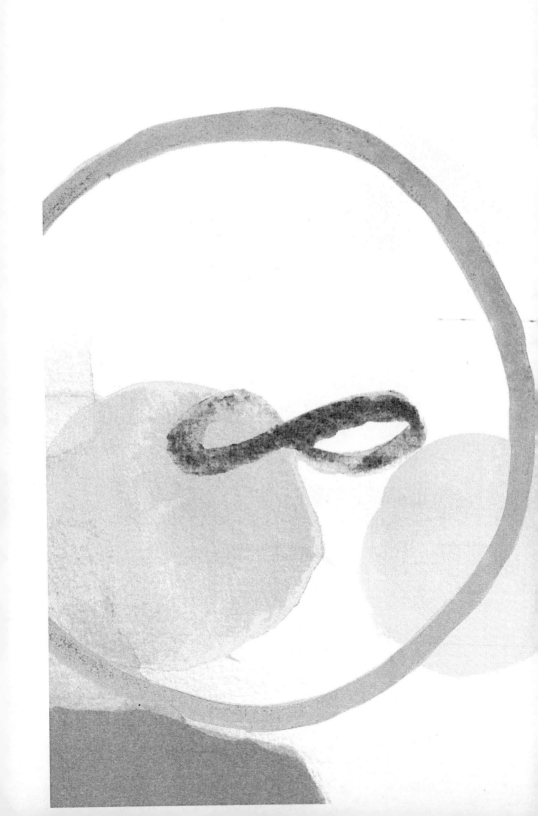

1
O CAMINHO DE VOLTA PARA VOCÊ

"Essa compreensão não é um resultado, uma culminância, é cada um de nós vendo a si mesmo, momento após momento, no espelho do relacionamento – no relacionamento com os bens, com as coisas, pessoas e ideias. Mas consideramos difícil permanecer atentos, cônscios, e preferimos embotar nossa mente, seguindo um método, aceitando autoridades, superstições e teorias gratificantes. Assim, a mente enfraquece, torna-se exausta e insensível."

J. Krishnamurti.

A primeira e a última liberdade.

"O homem de hoje dispõe fartamente da televisão, pela qual consegue, se o deseja, contemplar de perto as ocorrências do mundo; no entanto, não possui autoconhecimento bastante para analisar-se de modo construtivo."

Emmanuel pela psicografia de Chico Xavier e Herculano Pires.

Na era do espírito, capítulo "Progresso e vida".

Ao buscarmos definir o que é a vida, estamos acostumados a nos pautar em referências exteriores, na admirável beleza e grandeza de tudo o que nos cerca, desde as extraordinárias constelações e galáxias até as singelas expressões das flores e folhas. Entretanto, o ser humano deve aprender a buscar também a beleza dessa definição dentro de si, captando a vivacidade de seu mundo íntimo – ação esta até então ignorada – e (re)descobrindo as vidas interior e exterior que interagem o tempo todo e que são facetas da Vida Maior. Os acontecimentos exteriores se refletem em nossa intimidade, convidando-nos a ler o livro sagrado que somos.

O autoconhecimento é um mecanismo de percepção por meio do qual aprendemos a ler e a ver a vida íntima em sua perspectiva mais profunda, tornando-a mais bonita e em sintonia com Deus. Com o despertar desse entendimento, as forças da vida chegam até nós com seu toque delicado, a fim de ampliar nossa própria perspectiva de ser.

Longe de ser uma tarefa fácil, esse aprendizado só será despertado e vivido se começarmos a olhar para a realidade viva que cada um traz dentro de si sem procurar entendê-la pela instrução intelectual acumulada de forma racionalizada. Não se trata, pois, de um raciocínio que vem de fora, mas sim de uma descoberta dinâmica dentro de nós mesmos, a qual é muito gratificante.

Dessa forma, esse aprendizado não pode ser adquirido por meio das experiências de outras pessoas ou de conteúdos vindos de linhas filosóficas, doutrinárias e científicas, mas somente pela experiência individual.

Aqueles que procuram respostas por meio do saber dos outros buscam, na verdade, consolo, devido aos seus sofrimentos, para a complexidade e os conflitos da vida. Essas mentes espiritualmente infantis se satisfazem com a informação, pois isso faz com que se sintam mais seguras.

É importante perceber que a consciência passa por diferentes estágios de desenvolvimento. Dessa maneira, as informações adquiridas por meio dos livros e da convivência com orientadores e mestres são primordialmente necessárias para aqueles que ainda não conseguem entrar em contato consigo mesmos, consistindo, portanto, em recursos de apoio para o desenvolvimento de mentes semidespertas.

No entanto, a partir do momento em que tomamos a decisão de nos autoconhecer, esses recursos não podem mais ser os únicos fatores relevantes para nossa formação e identificação, pois, nesse momento, somos convidados a crescer consciencialmente e a adquirir uma nova visão que opera de forma completamente diferente.

Quando não nos limitamos a seguir somente os conteúdos externos, somos desafiados a despertar uma nova inteligência e a ampliar a nossa lucidez, diferenciando-as daquelas construídas até então, as quais são lentes predeterminantes que impedem uma visão mais ampla dos fatos, principalmente quando eles ocorrem dentro de nosso ser. Acreditar e viver para as palavras e para os pensamentos é iludir-se, mas chegar por meio das palavras e dos pensamentos à verdade essencial, eterna e viva é o caminho que nos levará de volta para Deus.

Uma maneira muito comum de nos iludirmos com relação ao conhecimento de nossa intimidade e da realidade divina é por meio do contato com obras que tentam descrever Deus, o espírito e a vida. Até então, esse método foi necessário e importante, uma vez que, no início, a fé era simples e cega – já que as pessoas acreditavam mais por medo do que por entendimento –, e, com a aquisição dos conhecimentos religiosos e científicos, as pessoas passaram a ter uma fé mais raciocinada. No entanto, as explicações dadas nessas obras nos conduzem a uma sensação de saber e de poder que está muito mais ligada à nossa vaidade do que à descoberta daquilo que estamos investigando.

Na atualidade, estamos sendo chamados para o despertar de uma nova consciência, que não se satisfaz com explicações externas. Por isso, entender a diferença entre a aquisição do conhecimento e o aprendizado proporcionado pelo autoconhecimento é fundamental. Enquanto a primeira se baseia na obtenção de informações e experiências, o segundo se fundamenta no entendimento de nossa vida íntima, a qual não é feita de símbolos, mas de forças vivas. Ou seja, o primeiro processo é aquisitivo e o segundo, perceptivo.

Façamos uma analogia para ilustrar a diferenciação entre o conhecimento externo e o autoconhecimento: em uma prova de Geografia, cujo tema é a rocha calcária, um aluno, que nunca viu uma dessas rochas pessoalmente, tirou nota total. Isso aconteceu porque, apesar de não conhecer a rocha, o aluno tem o conhecimento teórico sobre ela e, por isso, pôde conseguir uma boa nota. Em outra ocasião, no entanto, ao sair em trabalho de campo com sua turma, esse mesmo aluno foi colocado ao lado dessa rocha, mas não conseguiu reconhecê-la, apesar de ter todas as informações sobre ela.

Isso demonstra que uma instrução autêntica não pode se valer apenas da teoria, mas deve ser feita em contato direto com aquilo que se estuda. Transportando essa noção para o processo do autoconhecer-se, constatamos a necessidade de estudar nosso mundo íntimo diretamente na fonte, ou seja, examinando atentamente nossas reações, pensamentos e sentimentos diante do mundo que nos cerca.

O desafio que essa abordagem de estudo íntimo nos traz é grande: como nossa intimidade não é um objeto que podemos tocar, faz-se necessário observá-la atentamente para que consigamos ler a informação que ela está nos transmitindo, de forma que notemos e analisemos o que acontece dentro de nós, em uma descoberta daquilo que somos. Essa é uma nova forma de ampliação da inteligência, que não tem como base palavras ou instruções adquiridas, mas é feita, sim, pelo contato direto com a nossa realidade viva. Nessa etapa, o conhecimento tem a finalidade de indicar o conteúdo interno em consonância com as informações recebidas. Somente dessa maneira essa obra terá cumprido seu propósito: despertar uma inteligência com menor dependência do que vem de fora e da educação já adquirida, desdobrando essa compreensão para todos os acontecimentos a partir daí.

A forma comum de lidarmos com o conhecimento é tendenciosa, pois há um nível de resistência àquilo que é novo, o qual nos impede de registrar as mudanças. Dessa forma, a mente tenta nos fazer usar conteúdos e experiências adquiridos anteriormente, forçando-nos a ter um olhar "velho" e a perdermos a inocência do aprendizado efetivo.

Não se pode descrever e limitar em palavras a amplitude de uma experiência viva de auto-observação; é necessário vivê-la integralmente. Dentro dessa dinâmica, ninguém poderá afirmar quem somos. Ou seja, mesmo que alguém nos diga que somos calmos, nós só o seremos quando vivermos o estado de calma, e não porque outra pessoa o disse.

É preciso compreender que nosso entendimento tende a emoldurar o que vislumbramos, impedindo-nos de verificar que a vida está em constante mudança e de registrar os aspectos novos que a caracterizam em sua criatividade e inovação extraordinárias. Caso não nos alertemos com relação a essa característica de nossa mente, acabaremos perdendo contato com a essência que vige no universo, deixando de ver aquilo que ele realmente é.

Busquemos, portanto, uma atitude de frescor e de inocência para o florescer de um novo olhar.

Perguntas e respostas

Por que o autoconhecimento é um aprendizado que não pode ser adquirido por meio de outras pessoas, doutrinas ou filosofias?

Porque o autoconhecimento não é feito por aquisição, mas sim pela autodescoberta. Dessa maneira, informações exteriores não podem fazer uma pessoa aprender sobre si, mas podem – e devem – favorecer o processo de encontro da pessoa consigo mesma. Na nossa condição de aprendizes nos identificamos e nos personalizamos. No autoconhecimento sentimos. Uma é aquisitiva e a outra perceptiva.

Como ocorre o processo de autoconhecimento?

Esse processo se dá pela percepção daquilo que produzimos mental e emocionalmente na vida, afinal, somos o que pensamos e sentimos. De modo geral, a maneira como fazemos isso é nosso real desafio: temos de estudar nossos pensamentos e sentimentos continuamente, para saber como viver bem.

Como viver com sabedoria?

A melhor maneira para alcançar essa vivência é despertar o potencial de valores íntimos, minimizando os sofrimentos.

2
DESPERTE SUA NECESSIDADE MAIS IMPORTANTE

"Compreender o que é requer um estado mental em que não haja identificação ou condenação, o que significa mente alerta, embora passiva. Esse estado mental acontece quando realmente desejamos compreender algo e quando há um interesse intenso, quando nos interessamos por compreender o que é; nesse estado mental verdadeiro, não é preciso forçar, disciplinar ou controlar a mente; pelo contrário, ela se torna passivamente alerta, vigilante. Esse estado de percepção acontece quando há interesse, a intenção de compreender."

J. Krishnamurti.

A primeira e a última liberdade.

"Inevitável [...] a busca de recursos preciosos, alguns dos quais, os mais importantes, se encontram no próprio enfermo, como, por exemplo, a autoestima, a necessidade do autoconhecimento e do positivo relacionamento no grupo social, que são negados pelos distúrbios castradores."

Joanna de Ângelis
pela psicografia de Divaldo Franco.

Amor, imbatível amor.

Quase sempre, quando procuramos um conselho ou uma orientação espiritual, somos motivados por situações como: problemas de trabalho, financeiros ou de relacionamentos afetivos e familiares, cura para nossas doenças, consolo pelas nossas perdas, preenchimento de um vazio existencial ou, ainda, anseio de crescimento íntimo, fruto de um movimento natural de busca.

Na maioria das vezes em que buscamos uma orientação, desejamos nos livrar da dor, ganhar algo, adquirir segurança, manter nossa vida de determinado jeito ou mesmo sustentar uma imagem de importância diante dos outros. Pouquíssimas são as vezes em que fazemos esse movimento de busca devido a uma necessidade que nasça e cresça em nós e poucos são aqueles que procuram aprender, de uma forma inteligente, a se descobrir por intermédio desses recursos. Isso acontece, principalmente, por não sabermos qual é a nossa necessidade essencial.

É chegada a hora, portanto, de ampliarmos nossos horizontes em direção à autoconscientização. Para isso, é importante que tenhamos franqueza com nós mesmos para conseguirmos construir uma visão clara a respeito dessa movimentação e da nossa intenção por trás de cada busca, pois o conhecimento de si é a chave para essa transformação.

Surgem, então, duas questões essenciais para nossa reflexão:

Temos uma real necessidade de autoconhecimento? Se sim, de onde ela vem?

Aqui, a palavra "necessidade" denota uma proposta de reflexão contínua e essencial, tão importante como nos alimentarmos e saciarmos nossa sede. Essa necessidade de despertar a consciência mais profunda é o marco que sinaliza se estamos naturalmente abertos às transformações cruciais para nosso crescimento, as quais nos colocarão em contato com a essência de nosso ser.

É importante termos essa necessidade autêntica de autoconhecimento como uma ânsia viva e natural, uma ação sem busca de ganho, aquisição ou livramento. Esse status de alerta vivo criado pela necessidade de autodescobrimento é o movimento de despertar de nosso ser, de nosso espírito, concretizando-se na compreensão lúcida.

O fluxo de nossa natureza íntima possui um aspecto criador, que sai do não manifesto para o manifesto, com o surgimento de nossos pensamentos, emoções, atitudes e ações, que são a base da nossa vida pessoal. Quando não olhamos para dentro de nós mesmos e não estamos sintonizados com a fonte de vida do Criador, elaboramos um movimento contrário, de estagnação, vivendo uma "falsa vida", que cria uma esteira de sofrimentos totalmente divergente da proposta divina.

Desenvolvamos, portanto, a partir de uma análise íntima, um grau profundo de entendimento acerca dos movimentos dos nossos pensamentos e emoções, com base na dupla natureza da qual o Criador dotou todos os seres do universo: assimilação e produção ou, em outras palavras, recepção e criação.

Perguntas e respostas

Por que o autoconhecimento é apresentado como uma necessidade urgente?

Porque, usufruindo desse entendimento a respeito de nossa própria natureza, conseguimos lidar melhor com as situações por nós vivenciadas, compreendendo-as mais satisfatoriamente. É chegado o momento de tomarmos consciência de que, assim como temos necessidade de nos alimentar e de dormir, temos também necessidade de nos autoconhecer.

Como diferenciar a falsa vida da verdadeira vida?

Enquanto a verdadeira vida nasce dentro de nós sob a regência do espírito, a falsa vida acontece quando nos ligamos demasiadamente à personalidade e à posse.

Como eu posso saber se estou demasiadamente ligado à minha personalidade?

Em nossa personalidade, residem a vaidade, o melindre, as perturbações emocionais, a sensação de que somos melhores do que o outro e tantas outras características que a sustentam. Quando percebemos essas características em nós, sabemos estar demasiadamente ligados aos traços da nossa persona.

Como eu posso saber que a verdadeira vida nasceu dentro de mim e que ela é regida pelo espírito?

Quando sentimos serenidade, harmonia, amor e todas as outras características associadas a essa natureza, ou seja, o oposto das sensações citadas anteriormente, podemos saber que a verdadeira vida nasceu dentro de nós e está sendo regida pelo espírito.

3

ONDE ESTÁ
A SUA FORÇA?

"Não há separação entre nós e este campo de energia. O campo da potencialidade pura é o nosso próprio eu. E quanto mais buscarmos a nossa verdadeira natureza – o próprio eu –, mais próximo nós nos encontramos do campo da potencialidade pura."

Deepak Chopra.

As sete leis espirituais do sucesso.

"No momento mesmo em que psicólogos respeitáveis teimam por negar a realidade insofismável do espírito imortal, tentando reduzi-lo a uma 'força exteriorizada pelo cérebro', e não por ele manifestada, [...] a palavra do Cristo, atualizada por Allan Kardec na gigantesca epopeia do Pentateuco, tem caráter de urgência."

Joanna de Ângelis
pela psicografia de Divaldo Franco.

Espírito e vida.

Para que o autoconhecimento se realize, é essencial compreendermos, de forma direta, ampla e profunda, aquilo que denominamos de espírito, pois só com a percepção dessa realidade poderemos entender a natureza dessa fonte de vida que o espírito é.

O passo inicial para essa compreensão é nos olharmos intimamente, apreciando a infinidade de pensamentos e de emoções que são produzidos por nós e que estão interligados, de forma não muito clara, em nosso interior, fazendo-nos constatar que somos um terreno fértil para observações profundas.

Quando nos damos conta de que essas duas forças – os pensamentos e as emoções – surgem o tempo todo em nós, notamos que somos um centro de criação; e é nessa condição que somos espíritos.

Quanto mais estendermos a habilidade de permanecer nesse estado de consciência, mais próximos de nossa natureza viveremos.

Essa permanência poderá ser dinamizada por um exercício simples e eficaz, que nos faz desenvolver uma atenção constante para aquilo que ocorre em nossa mente. Após a leitura dos parágrafos seguintes, faça uma pausa e vivencie esse primeiro passo.

Sente-se ou deite-se relaxadamente e observe o que acontece em seu íntimo. Com isso, você entrará em contato com a fonte de sua mente, iniciando o processo de autoconhecimento, que ocorre em decorrência dessa auto-observação. Não julgue, não interprete e não queira saber o porquê daquilo que você verifica. Simplesmente observe.

Usando um despertador, fique, por três minutos, com os olhos abertos, observando-se serenamente, como o estudioso que se compraz ao descobrir um novo material de pesquisa. Em seguida, por mais três minutos, repita esse processo, agora com os olhos fechados.

Durante essa atividade, não force o silêncio interior e não abafe os pensamentos, tentando conduzi-los ou pará-los. Apenas os observe, criando um estado de alerta natural.

Repita esse exercício periodicamente e, à medida que sentir que os três minutos tornaram-se insuficientes, aumente esse tempo até que atinja pelo menos quinze minutos para cada etapa do exercício. Aos poucos, ele se tornará espontâneo e muito prazeroso.

Perguntas e respostas

Como posso entender o que é o espírito?

Estamos acostumados a nos identificar com o corpo e a basear nossa vida nele. Nossas referências são nosso aspecto físico, nossa inteligência e todos os atributos que nos levam a afirmar quem somos. O espírito, por sua vez, é uma essência que não se vê e que só pode ser percebida no momento em que ele está produzindo algo. E é justamente nesse aspecto que se encontra nossa dificuldade.

Quando dizemos "eu vi um espírito", isso, de fato, não aconteceu. O que se vê, em realidade, é o perispírito, por meio do qual o espírito se manifesta. Aqui, estamos investigando exatamente essa questão da identificação, a fim de conseguirmos definir quem somos, pois, quando damos forma ao espírito, ele deixa de ser o que é.

Conseguiremos entender o que é o espírito adquirindo a consciência de ser com a criação, ou seja, observando aquilo que somos quando estamos criando, agindo.

O que é a criação?

A todo momento, estamos criando algo, seja por meio da fala, seja por meio do pensamento, do andar, do viver.

Precisamos entender, aqui, que somos quem somos no ato de criar, mas não somos aquilo que foi criado. Temos de nos ver, portanto, naquilo que está vivo (a criação), pois o espírito aparece aí, e não no objeto criado.

Quando apreciamos aquilo que criamos, compreendemos que tudo neste plano passa, que estamos sujeitos ao envelhecimento e à morte. Em contrapartida, o ato de criar não morre, não envelhece, e por isso o espírito é imortal.

Quando nos tornamos cientes de que o ato de criação acontece a todo momento, entendemos como o espírito se manifesta de fato.

Como podemos desenvolver essa compreensão?

O desenvolvimento dessa compreensão, como o de qualquer outra, se dá de forma gradual.

Só perceberemos que estamos nesse nível profundo no dia em que nossa consciência estiver apta a esse tipo de percepção. Nesse momento, se alguém disser: "você é feio", essa fala não terá significado nenhum, porque não estamos identificados no corpo ou no pensamento, mas sim no espírito.

A compreensão de que somos espíritos nos faz desapegar de conceitos externos e, consequentemente, nos faz fixar em questões mais importantes, como o próprio autoconhecimento.

No exercício do autoconhecimento, foi proposto, como passo inicial, constatar pensamentos, emoções e suas interligações. Você pode explicar melhor?

Não sabemos, de fato, quem começa primeiro: o pensamento ou a emoção. Quando notamos que os dois estão misturados, já obtemos um pouco de claridade onde antes não víamos nada.

Um exemplo disso é quando estamos tristes e não sabemos se a tristeza começou com um pensamento ou por conta própria.

Dessa forma, existem duas opções: se lembrarmos que alguém nos disse "você é feio", pode ser que fiquemos tristes e, nesse caso, o pensamento levou à emoção. Por outro lado, se, ao levantarmos pela manhã, já estivermos sentindo tristeza, nossa mente vai oferecer uma série de pensamentos para justificar aquele sentimento. Nesse caso, a emoção levou ao pensamento.

Por isso, como passo inicial para o autoconhecimento, é importante analisarmos nossos pensamentos e emoções, bem como as ligações existentes entre eles, pois só desse jeito poderemos compreender o que se passa em nosso interior e como nossos sentimentos se manifestam.

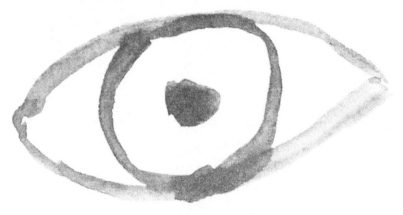

4
DESENVOLVA UM NOVO OLHAR

"A meditação não é a fórmula repetitiva de mantras, de respiração segundo regras, de sentar-se numa determinada postura, praticar um tipo de atenção, de contemplação - todas essas coisas são absolutamente mecânicas. Estamos falando de algo vivo. E vocês têm praticado essas coisas mecânicas por muitos séculos. Aqueles que as têm praticado estão mortos e suas visões são projeções do seu próprio passado, de seu próprio condicionamento. Mas estamos falando de uma meditação viva, não de uma meditação mecânica, repetitiva, disciplinadora. A menos que se saiba o que é meditação - igualmente, a menos que se saiba o que a morte é -, não existe uma cultura nova, nada novo surge."

J. Krishnamurti.

Krishnamurti para principiantes.

"Existem muitas maneiras para criar um espaço no fluxo contínuo de pensamentos. É disso que trata a meditação. O pensamento pertence ao campo do manifesto. A atividade mental contínua nos mantém aprisionados no mundo da forma e funciona como uma tela opaca que impede de nos tornarmos conscientes do não manifesto, conscientes da inexistência da forma e da eterna essência de Deus, tanto em nós mesmos como em todas as coisas e criaturas."

Eckhart Tolle.

O poder do agora.

Quantas vezes tentamos fazer exercícios de meditação, respirando, concentrando, tentando resistir aos pensamentos e focando em um único ponto? E quantas vezes conseguimos alcançar, por meio desses exercícios, a meditação verdadeira?

Esses exercícios, embora sejam bons, não nos levam ainda ao estado meditativo, do qual o fundamento é o autoconhecimento. Só por meio deste, é possível conceber a desordem interior para chegarmos, de alguma forma, a uma ordem natural, ou seja, a um equilíbrio não imposto por fatores externos.

Lembro-me de quando comecei a me interessar pela maneira como minha mente e meus sentimentos funcionavam, isto é, pela maneira como eu sou. Nessa época, buscava me acomodar confortavelmente, sentado ou deitado, em um ambiente onde não seria interrompido e dava início a uma verificação atenta, natural e sem julgamento, de como era a dinâmica dos meus pensamentos e de minhas emoções. Notei que esses dois elementos se interligavam – pensamentos despertando emoções e estas alimentando os pensamentos –, gerando desgastes e perturbações em minha vida.

Comecei, então, a programar o meu despertador para tocar depois de três minutos, a fim de que pudesse fazer o exercício ora com os olhos abertos, ora com eles fechados, técnica esta que visa criar em nós a habilidade de autopercepção mesmo naqueles momentos em que estamos realizando atividades diárias, despertos. Ao longo do tempo, passei a aumentar a duração dos exercícios para cinco, dez e quinze minutos, gradualmente.

Percebendo a vivacidade da mente, os fluxos de pensamentos e de emoções, aos poucos, essa atividade de observação passou a fazer parte de minha vida. Comecei a observar meus pensamentos e minhas emoções durante todo o dia, muitas vezes sem nenhuma intenção. Isso ocorria quando estava caminhando, almoçando, trabalhando ou mesmo ao dormir.

O passo seguinte nessa etapa de autoconhecimento foi adquirir a noção de que posso mudar o foco de minha visão diante da vida, bastando, para isso, despertar um novo olhar. Dessa forma, minha visão, que antes era voltada apenas para fora, foi sendo descortinada e revelou, por meio do autoconhecimento, um novo foco para meu universo interior. Comecei a verificar, então, o movimento contínuo das forças vivas que saíam de mim e que determinavam meu "eu" na dinâmica do dia que corria.

Não quis nomear esse processo de meditação, pois, para mim, era apenas um exercício adaptativo para que eu pudesse fazer algo que nunca havia feito. Esse é um importante mecanismo a ser utilizado no início do desenvolvimento de nosso novo olhar, pois é o momento em que o nosso modo de viver passa a ser mais importante e a ser percebido de forma natural. E é justamente nessa naturalidade que reside a diferença entre estado meditativo e prática de meditação.

Para desenvolver esse novo olhar, precisei estar atento a todo esse aspecto interno de forma suave, sem esforço e sem tensão, da mesma forma natural com que minha visão registrava os objetos ao meu redor. Quando fazia isso, percebia, aos poucos, que não intencionava silenciar a mente, mas, à medida que acompanhava o pensamento, ele passou a sair naturalmente com menos fluência. Como consequência, um espaço de silêncio mental surgiu entre os meus pensamentos.

É importante dizer que nossa intimidade é, por natureza, silenciosa. Contudo, a mente do homem ocidental encontra-se cheia, funcionando em um ritmo acelerado, com um tagarelismo muito grande e fazendo muito barulho. Este, por sua vez, é uma das razões pela qual muitas pessoas desistem precipitadamente do processo de autoconhecimento.

Entretanto, todos podemos estar atentos naturalmente se nos dedicarmos com mais persistência ao trabalho de autopercepção. Pensar que não conseguiremos é desistir mesmo antes de começar, é cair na armadilha mental dos pensamentos que, a todo tempo, tentam nos aprisionar e nos conduzir.

Desenvolvamos, então, a amplitude da sensibilidade, registrando, simultaneamente, o que ocorre fora e dentro de nós. Esse exercício aumenta o nosso grau de consciência, diminui o ritmo dos pensamentos condicionados e tranquiliza a mente, fazendo com que ela fique mais silenciosa, em um efeito natural do estado meditativo.

Surge, então, do não manifesto (espaço mental silencioso), o fluxo do pensamento para o manifesto.

Em todo meu processo de autoconhecimento, percebi, com clareza, o comportamento de criação mental e o espaço infinito da mente, pois as energias vivas da intimidade se fazem em pensamento e em emoções tanto quanto na sutilezas dos sentimentos.

Em minhas experiências diárias, ao notar meus pensamentos e minhas emoções saírem, percebi que minha consciência se localizava em uma instância anterior ao surgimento deles. Mais do que isso, detectei que existem três espaços que se antecedem ao surgimento deles, os quais podem ser classificados aqui da seguinte forma: espaço do ser mais profundo, espaço da mente onde residem as emoções e os pensamentos, espaço do plano físico. Descobri, à vista disso, que meu ser tentava se fixar nesses três espaços diferentes o tempo todo, a fim de conseguir estabelecer um significado para mim mesmo.

Dessa maneira, quando minha consciência se identifica com o corpo físico, transformo-me em um "eu" corporal, que tem nome, forma e sofre o efeito de ter a consciência reduzida apenas a esse aspecto de identificação. Por exemplo: se alguém me pergunta se estou engordando, minha consciência fica reduzida aos meus aspectos corporais e, automaticamente, eu passo a considerar a possibilidade de estar ganhando peso. Nesse momento, eu perco a amplitude da consciência, que é mais do que apenas um corpo. É como se eu contasse uma mentira sobre o que sou e acreditasse nela, sofrendo as consequências infelizes dessa forma de pensar.

Outro exemplo é quando era envolvido por uma emoção e a minha percepção sobre ela se tornava distorcida. Dessa forma, quando uma emoção preenchia minha consciência, eu me transformava no que aquela emoção significava. Exemplificando: se a tristeza me envolvia, eu me transformava em uma persona triste. Logo, se alguém me perguntasse se eu estava deprimido, muito provavelmente eu responderia que sim, pois era como me sentia. No entanto, eu não era essencialmente deprimido, mas estava transformando uma situação temporária em uma condição duradoura, sustentada por meus pensamentos e por minha crença nessa mentira. E quanto mais condicionada essa crença fica, mais difícil é desnudá-la.

Como resultado inicial do meu processo de autoconhecimento, aos poucos me observo como um ser que atua em vários campos interligados, os quais, no entanto, não podem definir quem eu sou. Dessa maneira, começo a viver uma liberdade profunda, sem grandes batalhas internas e com uma maior leveza interior.

A sabedoria está em atuar, em cada momento a que somos chamados, com qualidade de inteligência: pode ser um recurso físico, uma ação emocional, um pensamento decorrente do meu conhecimento, etc. O importante é saber que todas essas qualidades, juntas ou separadas, não me definem. Se sei jogar vôlei, não posso me identificar somente por essa habilidade; se estou sentindo alegria, não posso ser identificado como um ser feliz; se sou bem-sucedido profissionalmente, não posso me identificar apenas por minha profissão. Tudo isso seria uma valorização distorcida do meu eu.

Apreender além do pensamento e das emoções faz emergir, em nós, uma nova lucidez, sem características próprias e de expansão ilimitada. Com essa nova capacidade, averiguamos que tanto o mundo material quanto o emocional fazem parte de nossa natureza e de nossa inteligência. Compreendermo-nos em totalidade, portanto, é agir com uma inteligência nova, que usa as possibilidades de todos os campos nos quais estamos operando.

É muito importante que possamos descobrir, por nós mesmos, todo esse potencial, pois esse conhecimento é intransferível, de forma que ninguém pode concretizar a realização íntima em nosso lugar. Mesmo a descrição desse procedimento pode se tornar perniciosa e destrutiva se as pessoas não o viverem em si mesmas ou se simplesmente transformarem essas propostas em um roteiro a seguir. Afinal, não se consegue alcançar um conhecimento tão valioso por meio da repetição daquilo que o outro fez. É necessário ter a necessidade de autodescobrimento e ser garimpeiro de si.

É imprescindível sentirmos o estado meditativo, que se caracteriza por estarmos atentos a todo o movimento vivo no relacionamento diário e captarmos nosso fluxo de vida que sai no encontro com a vida de fora. O autoconhecimento é uma chave extraordinária de liberdade e beleza, com a qual o mundo se abre a novas perspectivas.

Continuo, ainda hoje, a refletir e a me emocionar ao sentir o menor fluxo de pensamentos e emoções, com os quais já não tenho uma relação de dependência.

Se, antes, as emoções e os pensamentos quase comandavam meus atos, agora, pela simples e extraordinária capacidade de me ver, posso impedir que eles me conduzam.

Perguntas e respostas

Por que o barulho mental é a razão de muitas pessoas desistirem precipitadamente do processo de autoconhecimento?

Muitas pessoas, ao desistirem do processo de autoconhecimento, o fazem porque acham que não conseguem lidar com a quantidade de pensamentos e de emoções que se encontram dentro delas. Isso acontece porque, ao se fixarem no barulho mental, valorizando apenas ele, as pessoas chegam a uma conclusão enganosa de que o autoconhecer-se é uma tarefa impossível. Entretanto, o autoconhecimento requer persistência para ser desenvolvido e é possível de ser conquistado por qualquer pessoa que se dedique com afinco a esse objetivo.

Nossa mente, no atual estágio humano, trabalha compulsivamente na produção de pensamentos. Por isso, para alcançarmos o autoconhecimento, devemos tentar pensar menos, o que só será possível com a realização de exercícios, como aquele descrito anteriormente. Quanto menos pensarmos, mais nos habilitaremos a usar a mente para a solução de nossos desafios de forma prática.

Por que desistir é uma decisão precipitada?

Porque, desde que se tenha persistência, o objetivo pode ser alcançado. Então, se a pessoa desiste, isso significa que ela acredita mais em seu barulho interior do que na realização metódica e repetida do exercício.

Dedicando-se com persistência ao trabalho da auto-percepção, qualquer pessoa pode ver a si mesma naturalmente.

Por que os pensamentos e as emoções devem ser observados?

Porque a observação desses dois aspectos, quando ocorrida ao mesmo tempo, possibilita-nos localizar a instância profunda onde eles nascem, permitindo, dessa forma, que nos aprofundemos ainda mais no conhecimento de nós mesmos.

O que são os espaços e as instâncias? Como a consciência consegue se fixar em algum desses locais?

Espaço e instância são a mesma coisa. Existe o espaço exterior, que é aquele que a consciência ocupa quando estamos focados nos interesses materiais, e o interior, que é aquele que a consciência ocupa quando nos envolvemos com os pensamentos e com as emoções.

Temos a capacidade de nos deslocar com muita facilidade de uma instância para outra. Por exemplo, quando estamos em uma sala cheia, com o olhar fixo nas pessoas e em tudo aquilo que acontece ao nosso redor, nossa consciência está ocupando esse espaço externo. Contudo, se, ainda na mesma sala, começarmos a pensar sobre qualquer outro assunto que desvie nossa atenção do ambiente, nossa consciência passa a ocupar o espaço interior. Isso acontece porque, nesse caso, estamos em uma localização diferente dessa condição externa.

Costumamos achar, erroneamente, que nossos pensamentos têm sua origem em nosso cérebro. Entretanto, na verdade, eles emergem de nosso espaço mental, que é interior.

Como podemos localizar nosso próprio ser nos três espaços citados?

Para localizarmos nosso ser, o primeiro passo é investigar a mente, a qual contém os pensamentos e as emoções.

De maneira geral, quando estamos sob forte emoção, tornamo-nos pessoas regidas por esse aspecto, localizando nosso ser, portanto, na emoção. Da mesma forma,quando estamos muito preocupados com um problema e dedicamos nosso tempo a criar uma solução para ele, localizamos nosso ser no espaço dos pensamentos. Ainda, quando estamos diante de um espelho e fixamos o olhar em nosso reflexo, localizamos nosso ser no espaço do plano físico.

Até hoje, é natural que muitas pessoas vivam em vários espaços ao mesmo tempo. Há algumas que se fixam por tanto tempo em um deles, que acabam por tipificar o seu ser, deixando de explorar em profundidade toda a sua natureza.

Por meio do autoconhecimento, somos capazes de nos localizar em um novo campo, mais profundo, o qual possibilita a observação dos outros três campos.

Em que espaço está o plano espiritual?

Vibratoriamente falando, o plano espiritual situa-se no espaço mental e vai além dele. Dessa maneira, quando nossa atenção busca a espiritualidade, mentalmente, já estamos no plano espiritual. Esta é, inclusive, a razão de os espíritos explorarem nossos pensamentos, pois aquilo que pensamos ser realidade viva no plano espiritual permite que nossa consciência seja explorada.

Considerando-se que a "[...] a mente do homem ocidental encontra-se cheia", podemos, em contraponto, deduzir que a mente do homem oriental está mais vazia?

O homem oriental acostumou-se a explorar mais a mente, ao contrário do ocidental, que, em sua maioria, não tem esse costume. Este acha que deve pensar muito, pois estar com a mente cheia é um sinal de trabalho, de produtividade.

No que diz respeito a essa exploração, os orientais estão à nossa frente, pois examinam internamente a vida espiritual há muito mais tempo que nós, que só a conhecemos, em nossa maior parte, na teoria. Só agora estamos começando a nos deter nessa atividade prática e explorando mais esse conhecimento.

Posso entender o que as pessoas dizem ao meu respeito como uma verdade?

Quando se acredita naquilo que falam a seu respeito, isso se torna, sim, uma verdade. Seguindo esse mesmo raciocínio, se você não acreditar nessas informações, elas deixam de ser verdadeiras.

Um bom exemplo disso é a situação corriqueira em que alguém nos diz: "Nossa, você está meio pálido, você está passando mal?". Se, até então, estávamos nos sentindo bem, sob a influência desse comentário, começamos a duvidar dessa realidade. Caso não estejamos seguros a respeito de quem somos e de como estamos, ao escutarmos essa colocação, podemos nos assustar e passarmos a sentir certo desconforto. Dessa forma, pensaremos: "É verdade, se eu estou pálido, é porque estou passando mal".

Qual a diferença entre dizer que estamos tristes ou que somos uma pessoa triste?

Quando dizemos que somos uma pessoa triste, é como se esse estado fosse permanente. Contudo, nunca seremos permanentemente tristes, pois essa condição não faz parte da natureza do espírito. É natural, contudo, que estejamos tristes, o que denota uma condição transitória, pois a tristeza, por mais tempo que permaneça conosco, um dia passará.

Se acreditarmos em nossas palavras ao dizermos que somos tristes, sem analisar nosso interior, estaremos acreditando em uma mentira.

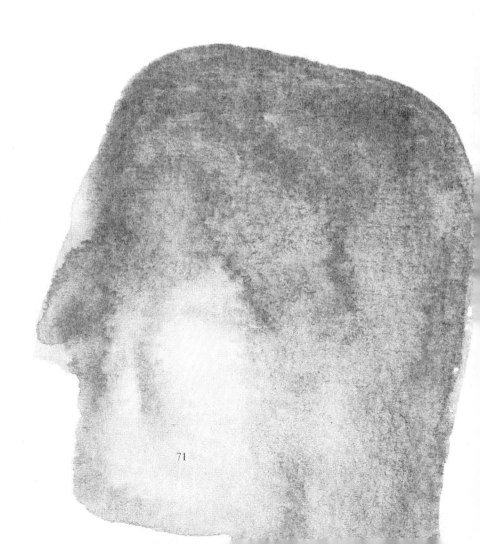
71

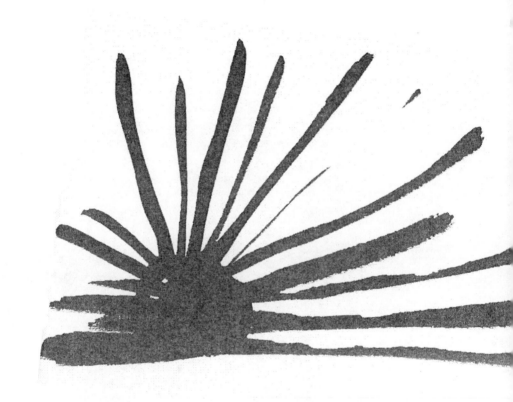

5

O AMANHECER DE UM NOVO DIA

"Reconhecer a própria loucura marca, obviamente, o surgimento da sanidade, o início da cura e da transcendência. Uma nova dimensão da consciência começava então a emergir no planeta, a primeira tentativa de florescimento. Aquelas pessoas raras se dirigiam a seus contemporâneos falando sobre pecado, sofrimento e ilusão. Diziam: 'Observe seu modo de viver. Veja o que você está fazendo, o sofrimento que está causando.'. Depois, indicavam a possibilidade de despertar do pesadelo coletivo da existência humana 'normal'. E mostravam o caminho."

Eckhart Tolle.

O despertar de uma nova consciência.

"A perversão do nosso plano mental consciente, em qualquer sentido da evolução, determina a perversão de nosso psiquismo inconsciente, encarregado da execução dos desejos e ordenações mais íntimas, na esfera das operações automáticas. A vontade desequilibrada desregula o foco de nossas possibilidades criadoras. Daí procede a necessidade de regras morais para quem, de fato, se interesse pelas aquisições eternas nos domínios do espírito."

André Luiz pela psicografia de Chico Xavier.

Missionários da luz.

Todos os seres vivos buscam algo: desde os mais simples, pertencentes aos reinos inferiores da natureza, até o homem, em toda a sua complexidade.

A primeira necessidade que leva a esse movimento de busca é a sobrevivência.

O que difere o homem dos demais seres é que, em seu ato de busca, muitos outros fatores são considerados. Por exemplo, quando nos alimentamos, em grande parte das vezes, não o fazemos apenas para saciar a fome, mas também para satisfazer nosso paladar. Há, entretanto, pessoas que se limitam exclusivamente à sobrevivência e baseiam sua forma de ser nessa característica primária. São indivíduos, na condição natural de evolução, passando temporariamente pelo status de crianças espirituais, para quem os interesses relativos aos anseios exacerbados das paixões humanas - vaidade, sensualidade, materialismo, etc. - são predominantes.

De acordo com aquilo que procuramos, nossa mente se localiza em determinado campo - seja ele físico, biológico, mental, emocional, entre outros. Em sintonia com as características desse campo, fixamo-nos nos anseios e nas energias concernentes a ele, passando a viver subordinados a aspectos que constituem nosso fundo de influência, ou seja, aspectos que nos dominam, fazendo-nos ser ou agir de determinada maneira sem que tenhamos consciência disso. Esses aspectos têm sua origem nas cinco emoções básicas - medo, raiva, tristeza, alegria e amor -, das quais todas as outras são originadas (a culpa, por exemplo, é fruto do medo e da raiva).

Além disso, determinamos nossas características de acordo com os estímulos externos ou internos aos quais somos submetidos e que são acrescentados à nossa necessidade de viver. Logo, a paz, o poder, a vaidade, o medo, a segurança, o desespero e muitos outros estímulos nos mostram que a vida não é tão simples e que estamos envolvidos por emoções e por pensamentos que nos passam despercebidos.

Todos queremos ser felizes e não queremos sofrer, o que, naturalmente, alimenta o medo de não conseguirmos atingir nossas expectativas, criando uma constante insegurança. Na busca pela felicidade, muitas vezes, tornamo-nos infelizes devido à falta de clareza no que diz respeito ao que queremos e ao grau de inconsciência que existe em todo esse processo. As consequências disso são, fatalmente, sofrimentos e decepções.

Não são raros os casos de pessoas que têm dificuldades de ordem emocional e que buscam alívio e compensação para isso no prazer de se alimentar. Nesse caso, essas pessoas aceitam correr o risco de, com o tempo, se tornarem obesas e terem de arcar com os efeitos dessa condição: as doenças relacionadas à obesidade, as críticas, o possível isolamento social e o provável sentimento de tristeza devido à baixa autoestima.

Estamos presos às nossas formas de pensar e sentir, de maneira que, para sair dessa prisão, necessitamos ter discernimento daquilo que nos prende a toda dinâmica distorcida de viver.

Um dos impasses internos que pode nos prender é não sabermos distinguir satisfação e felicidade.

A satisfação está ligada à sensação física e, como tal, é momentânea, sempre nos exigindo mais. Contudo, como ela está ligada ao contentamento, ao prazer e ao bem-estar, podemos distorcidamente defini-la como felicidade. Nosso equívoco está no deslocamento do sentido da primeira para a segunda, de modo que a nossa "felicidade" – aquela que acreditamos sentir – passa também a ser efêmera.

Para resolver esse impasse, faz-se necessário analisar e constatar, em nós mesmos, as diferenças de quando sentimos uma ou outra coisa. Essa atitude de esclarecimento mental já demonstra um grau de autoconhecimento desenvolvido.

Para concretizarmos nosso desejo maior – ser feliz –, devemos, primeiro, ter noção do que buscamos e colocar cada coisa em seu devido lugar. Mesmo aqueles que estão abertos a essa mudança ainda correm o risco de se enganar, pois relacionam, na maioria das vezes, aquilo que se chama de iluminação e elevação a uma perspectiva de satisfação, prazer, reconhecimento e valorização do ser, evidenciando grande vaidade e presunção, pois tais valores certamente nada têm a ver com iluminação ou elevação.

Podemos notar um grau de inconsciência em nosso ser, pois, se não temos clareza total do que ocorre conosco ou daquilo que buscamos, não sabemos o que determina o nosso querer. Essas intenções inconscientes de procura poderão nascer do que os outros dizem e querem de nós ou mesmo de uma crença pessoal. Não ter entendimento desse fato reforça nossa ignorância, afastando-nos da conscientização.

Apesar de não termos contato profundo com a Realidade Viva (Deus, espírito, etc.), prendemo-nos aos termos que dão significado a essas realidades. Acreditamos que, ao repetir frases, estamos garantidos e compreendemos claramente o que estamos afirmando. Falamos "eu creio em Deus", "eu creio na imortalidade", sem sentir, de fato, essa crença. apegando-nos a esses conceitos como uma forma de salvação. As palavras se tornam, assim, mágicas, talismãs e refúgios de segurança.

Buscamos a paz e, nessa busca, entregamo-nos às atividades que promovem o bem em favor dos outros; abraçamos causas, doamos recursos para necessitados, programamos eventos beneficentes. Contudo, poucas são as pessoas que conseguem realizar essas atividades sem terem em vista sua própria satisfação e seu bem-estar. Não estamos, obviamente, desvalorizando essas atitudes, mas chamamos a atenção para o fato de que elas não nos levarão à paz, pois essa é tão somente uma expressão da ausência de perturbação e de conflitos íntimos desenvolvida pelo encontro com aquilo que somos – espíritos. Quando a desenvolvermos verdadeiramente, a paz trará uma condição na qual a perturbação e as dificuldades que estão fora não nos atingirão, pois estaremos em sintonia com a quietude e com a serenidade que rege o universo.

Na fase da qual estamos saindo, a dinâmica da lei de causa e efeito atua diretamente na transição de nosso estado de inconsciência para o de consciência. A partir de agora, com a abertura de um novo ciclo evolutivo, é necessário fazermos um movimento caracterizado por um caminhar lúcido, no qual precisamos tomar muito mais contato com a essência do que somos do que com os recursos externos. O despertar dessa capacidade se fará com o despertar do conhecimento de si mesmo.

O nosso atual nível de inteligência é caracterizado por instrução, assimilação da teoria, vivência prática e aquisição de valores. Entretanto, uma nova inteligência, baseada no autoconhecimento, está emergindo para o atual estágio evolutivo da Terra e nos colocará em sintonia com a inteligência que rege a vida universal, de modo que conseguiremos compreender verdadeiramente o significado do "buscai e achareis"[1].

[1] Lucas 11:9.

Perguntas e respostas

O que é o fundo de influência e por que ele nos induz à fixação nos anseios?

O fundo de influência são os aspectos que nos fazem ser ou agir de determinada maneira sem que tenhamos consciência, os quais são constituídos por nossas emoções básicas: medo, raiva, tristeza, alegria e amor.

Essa indução acontece porque nossos anseios são baseados em perspectivas perturbadoras. Vejamos um exemplo: se eu, no meu movimento de busca, estou procurando respeitabilidade externa, isso se justifica pelo fato de eu querer ser reconhecido. Mas por que eu preciso ser reconhecido? Qual é o fundo de influências atuante sobre mim? O medo? A menos valia?

Essas emoções básicas atuam sobre todas as nossas buscas, determinando a forma como somos. A inconsciência desse fundo é o que nos faz sofrer.

Existe um só fundo de influência?

Não, cada fundo é definido em conformidade com aquilo que buscamos, e o conjunto deles reflete nossas experiências adquiridas ao longo da vida.

Nossos comportamentos sempre são traçados por perspectivas energéticas, as quais, na maioria das vezes, desconhecemos. Para solucionarmos esse problema, deveríamos investigar a fundo esses comportamentos. No entanto, em vez disso, preferimos procurar recursos externos e superficiais.

Fatores emocionais, como medo, angústia e menos valia, distorcem nossa forma de ser. Portanto, é necessário que nos expressemos naturalmente sem eles, não nos preocupando com o que os outros pensam.

Os fundos de influências são a causa de todas as nossas dificuldades em lidar com os problemas?

Sim, pois estão por trás de quase todos os nossos comportamentos de busca (e, como sabemos, sempre estamos à procura de algo). Todas as nossas ações têm um fundo desconhecido e que influencia diretamente aquilo que estamos fazendo. Tratam-se dos ingredientes inconscientes que orientam nossa forma de viver.

Esses fundos nos dominam mesmo ao acordarmos, pois, quando dormimos preocupados, levantamos preocupados. Dessa forma, no momento em que despertamos pela manhã, já estamos pensando no que pode acontecer naquele dia.

Por que ainda existem pessoas que se limitam exclusivamente à sobrevivência?

O movimento natural evolutivo do ser é o das necessidades básicas, ou seja, comer, dormir, fazer sexo, ganhar dinheiro, vestir-se bem e seguir o que todos fazem. O fundo de influência desse ser é a fome, a necessidade de sobrevivência, de lucro, de destaque e de realização pessoal.

Todos nós somos movidos por essa base, mas somos chamados, também, a elaborar outros recursos que estão em nosso espírito. As pessoas que se limitam à sobrevivência ainda não estão preparadas para atender a esse chamado, mas, em algum momento, terão de fazê-lo.

Essa ação inicial de sobrevivência é instintiva?

Até o ponto atual de nossa evolução, movimentamo-nos, basicamente, pelo instinto. Contudo, já temos muitas características emocionais extremamente enriquecidas, que ultrapassam esse movimento inicial. Somos chamados a atuar com uma inteligência profunda e criativa, a qual reflete a própria natureza do espírito.

Como colocar a necessidade de trabalhar e ganhar dinheiro em um mesmo padrão de importância das demais, sem destacá-la como principal?

A função de trabalhar recebe muitas distorções, pois as pessoas não querem trabalhar em qualquer coisa, mas sim naquilo que possam lhe oferecer reconhecimento pessoal, prestígio e outros aspectos ligados ao ego. Nessa situação, estão presentes vários ingredientes, como vaidade, necessidade de se sentir melhor, busca por mais influência, etc. Toda essa gama de emoções determina a forma de movimentação na vida.

Dessa forma, para que possamos resolver esse problema das necessidades, teremos de desenvolver muita compreensão do que está por trás de nossas ações com relação a isso.

Campo e fundo são a mesma coisa?

Não. Os campos são os espaços interiores do espírito, os quais manifestam vivências nos setores da inteligência, do afeto, da comunicação, da sensibilidade, da arte, da espiritualidade e de tantos outros. O fundo, por sua vez, é a influência que recai sobre nós de acordo com as emoções que nos dominam, como o medo, a alegria, o amor, etc. O espírito tem, portanto, vários campos, nos quais atuam fundos específicos.

Por que a necessidade de viver pode ter uma conotação negativa?

Essa necessidade é um fato natural. No entanto, em decorrência de nosso medo e de nossa ansiedade, podemos modificá-la, transformando-a em desespero. Nesse sentido, ela assume uma conotação negativa.

Todas as emoções e os aspectos que delas decorrem fazem parte dos nossos fundos de influências?

Sim, e não são apenas os aspectos ruins que os compõem, como o medo, a insegurança, o desespero. A essa lista, podem ser acrescentados também os aspectos bons, como o aprendizado, que dilata a inteligência; a coragem, que gera a determinação; o afeto, que produz a capacidade de amar, etc.

Quais são as consequências do querer?

As consequências maiores são relativas à inconsciência em relação ao nosso querer e dependem do nosso grau de discernimento e de responsabilidade sobre as nossas escolhas. Nesse sentido, nossas consequências podem ser tanto desarmônicas quanto harmônicas.

Por exemplo: Quando buscamos um trabalho espiritual somente porque nos falaram que é bom realizar tarefas nessa área, não temos ciência de que o fazemos por convicção, uma vez que ainda não vivemos as experiências que essa busca proporciona. Na maioria das vezes, há um impulso de ganho por trás dessa atitude. No entanto, mesmo não tendo ciência do que envolve esse movimento, acontecerão consequências positivas em nossas vidas.

Por outro lado, algumas pessoas que têm, no ato de comer, um referencial de prazer e felicidade não estão conscientes das consequências de praticar esse ato demasiadamente. Muitas vezes, dificuldades emocionais são compensadas pelo prazer que o alimento oferece e, nesse caso, independentemente do grau de inconsciência com relação a esse processo, haverá consequências negativas para a pessoa, como uma possível obesidade, problemas de saúde e mesmo preconceito social.

Quando comemos muito, existe uma demanda emocional desconhecida, a qual eu substituo por uma conhecida, nesse caso, a fome. É isso?

Exatamente! Nosso ato de buscar muito alguma coisa pode esconder um fenômeno emocional. Dessa forma, muitas vezes, trabalhamos muito, participamos de muitas atividades espirituais, saímos muito com os amigos, tudo isso apenas para fugir da ansiedade, da solidão e do vazio interior. Habitualmente, usamos essas atividades para evitar questões mais profundas da vida.

Auxiliando ao próximo, poderei encontrar a paz?

É necessário esclarecer esse ponto, pois existem muitas pessoas que fazem a caridade e acham que, somente por esse ato, já estão salvas. Aqueles que buscam a paz e estabelecem a caridade como movimento para esse fim podem, sim, alcançar uma repercussão de paz consciencial. Entretanto, essa repercussão não é a paz propriamente dita, a qual está relacionada à natureza do próprio espírito e precisa ser desenvolvida intimamente, e não apenas por meio da ajuda ao próximo.

A sensação de paz que experimentamos é a verdadeira?

Não. Ela é, sim, a paz dos homens, parcial e transitória, que pode nos deixar tranquilos e sem preocupação.

Sabemos, contudo, que não sentimos a paz que Jesus sente, a paz inabalável, visto que ela está fundamentada na essência do Seu próprio ser. Ou seja, para Jesus, crucificá-Lo, humilhá-Lo e não reconhecer o Seu valor não O altera, pois Ele é espírito puro.

Ao despertarmos nosso ser, iremos sentir cada vez mais a paz de Jesus.

Qual a relação da paz com a ausência de perturbação e de conflitos íntimos?

Acreditamos estar em paz quando usufruímos de tranquilidade. No entanto, nesses momentos, na verdade, apenas estamos experimentando a ausência de perturbação e de conflitos íntimos, o que pode ser alterado a qualquer hora.

Nossa noção de paz ainda está muito vinculada à ideia de ócio, de não fazer nada. Por isso, constantemente vemos pessoas dizendo "Vou me aposentar, parar de trabalhar... enfim ter paz!". Em pouco tempo, porém, essas mesmas pessoas passam a ficar perturbadas, justamente pelo fato de não fazer nada e não ter com o que ocupar o dia. Essa perturbação, novamente, tira o espaço da paz.

Ao contrário, paz verdadeira, uma vez desenvolvida, é permanente e não pode ser perdida ou alterada.

Quando desenvolvermos essa paz real, essência espiritual e imperturbável, tudo o que acontece conosco será um estímulo para uma reação inteligente em favor da solução daquele acontecimento, e não um estímulo para "perdermos" a nossa paz.

O conflito íntimo pode ser positivo se, por meio dele, pudermos desenvolver a paz?

Em nosso estágio atual, sim, esse conflito pode ser positivo, pois estamos nas vias de desenvolvimento da paz real.

Escolhendo a postura de termos mais discernimento em relação a nós mesmos, vamos, pouco a pouco, mudando essa dinâmica e estabelecendo uma nova forma de lidar com o que nos perturba.

Qual a diferença entre perturbação e conflito íntimo?

Não existe diferença, pois todo conflito gera uma perturbação e tudo aquilo que nos perturba gera um conflito íntimo.

Somos dotados de recursos emocionais básicos para lidar com a vida, os quais adquirimos no reino animal. E o que promove a perturbação em nossas vidas são justamente as reações emocionais, diante das circunstâncias.

Na proposta de desenvolvimento de uma nova consciência, somos chamados a não usar essas predisposições perturbadoras para solucionar os problemas, e sim a razão, os conhecimentos técnicos e a criatividade.

Registrando o surgimento das nossas emoções, não aceitaremos mais a sugestão instintiva. Ao contrário, vamos esperar aquela condição passar, porque sua sustentação está ligada ao que pensamos, fazemos e reproduzimos.

Por que as palavras são mágicas, talismãs e refúgios de segurança?

As palavras são mágicas porque nos dão uma segurança muito grande, à medida que elas nos fazem acreditar que temos conhecimento pleno sobre aquilo que afirmamos. Entretanto, nós aceitamos as palavras sem refletir sobre o que elas significam verdadeiramente. Dessa maneira, quando dizemos "Eu acredito na imortalidade", é bastante provável que não tenhamos ideia do que é, de fato, a imortalidade, e isso ocorre porque não estamos em contato direto com ela. É provável, também, que, no momento de nossa morte, questionemos: "Será que sou imortal mesmo?", "Será que existe vida após a morte?".

Até o momento, temos apenas instruções teóricas e informações, mas não a consciência profunda, que é a visão clara das realidades que a palavras indicam.

Para que não tenhamos a falsa impressão de que sabemos tudo quando, na verdade, não sabemos nada, precisamos ir além dos dados oferecidos.

Qual a diferença entre a perturbação interna e a externa? Existe perturbação boa?

A perturbação interna é aquela que nasce das nossas emoções e pensamentos. Já a externa diz respeito a fatos exteriores que nos atingem, como acidentes, perdas materiais, etc.

Existem, sim, perturbações boas. A alegria, por exemplo, é uma perturbação, pois, por meio dela, saímos de nosso estado natural, no qual não há perturbação alguma, e chegamos a um novo estado, em que nos sentimos alegre.

Importante é saber que as perturbações, sejam de que natureza for, são essenciais para o processo de autoconhecimento, pois é por meio delas que nos conhecemos verdadeiramente.

Por que não vemos o fundo de influência que determina nossas buscas?

Porque estamos inconscientes de muitas coisas que acontecem conosco.

Para esclarecer melhor essa dúvida, vejamos um exemplo de fundos de influências atuando no cotidiano: no momento de escolherem suas carreiras, é comum que adolescentes sejam induzidos pelos pais, por adultos com os quais convive ou mesmo pela sociedade. Nesse contexto, ouvem-se frases como "Você será um grande médico!", "Para ser rico, você tem de ser um excelente engenheiro.", "O meu sonho é ver você formado como advogado.", entre outras. Todas essas induções influenciam a pessoa, embora, muitas vezes, ela não esteja consciente disso.

Na fase de evolução em que nos encontramos, é normal que busquemos essas induções externas, seja por insegurança, seja por desconhecimento ou mesmo medo. Contudo, para a fase que está se abrindo, será essencial que nossas escolhas estejam em sintonia com o que existe na intimidade de nosso ser.

A nova inteligência que se desenvolve para a atual fase evolutiva da Terra está ligada à sensibilidade e à percepção?

Sim, porque só conseguimos sentir a vida estando lúcidos, estado este favorecido por uma mente sensível.

A inteligência que desenvolvemos até agora está baseada na razão, na memória e no acúmulo de informações.

Já em estado de lucidez e sensibilidade, poderemos elaborar recursos novos para lidar com as situações utilizando essa nova inteligência que está surgindo.

Essa mudança da fase evolutiva da Terra tem algo a ver com a regeneração do planeta, mencionada pelo espiritismo?

Sim. A Terra já está em fase de regeneração, apesar de haver ainda muitas pessoas vinculadas a sofrimentos e perturbações, algumas no plano primitivo, outras no plano das provas e expiações. Aquelas pessoas que estão em investigação interna, no entanto, já estão em abertura para a regeneração.

6
MÁSCARAS QUE SE DESFAZEM

"A palavra 'eu' incorpora o maior erro e a verdade mais profunda, dependendo de como é utilizada. No uso convencional, não só é um dos termos empregados com maior frequência (juntamente com as palavras correlatas 'mim', 'meu', 'comigo', etc.) como é um dos mais enganosos. Na sua aplicação cotidiana normal, 'eu' contém o erro primordial, uma percepção equivocada de quem a pessoa é, um sentido ilusório da identidade. Isso é o ego."

Eckhart Tolle.

O despertar de uma nova consciência.

"E a dor vai derrubando as pesadas muralhas da indiferença, do egoísmo cristalizado e do amor-próprio excessivo. Então, é possível o grande entendimento. Lições admiráveis felicitam a criatura que, palidamente embora, percebe a grandeza da herança divina. Acentua-se-lhe o heroísmo e gravam-se-lhe no coração, para sempre, mensagens vivas de amor e sabedoria. Na noite espessa da agonia, começa a brilhar a aurora da vida eterna."

André Luiz pela psicografia de Chico Xavier.

Missionários da luz.

Quando alguém nos pergunta quem somos, é nosso costume dizermos nosso nome, nossa profissão, nossa família de origem, onde nascemos e tantas outras informações que nada dizem sobre nossa natureza essencial, ou seja, aquela que diz respeito aos nossos sentimentos e pensamentos, os quais se manifestam em nosso espírito a cada momento. O fato de pensar o que somos e viver da maneira como nossos pensamentos nos definem são indícios da atuação do ego (ou personalidade[1]) em nossas vidas.

---

[1] Nesse contexto, a palavra "personalidade", muito usual no ocidente, possui o mesmo sentido de "ego", como é usualmente adotada no oriente.

Aceitando como verdade a afirmativa "penso, logo existo"[2] e aplicando-a como filosofia de vida sem a reflexão necessária, alimentamos a estrutura que sustenta o ego. Nossos pensamentos e emoções, dentro dessa função distorcida de tentar definir quem somos, fazem com que nos distanciemos da nossa realidade viva, de forma que passamos a expressar, por consequência, aquilo que pensamos, e não o que realmente somos.

Pensar sobre o que somos parece algo certo, fácil, no entanto, não é uma tarefa tão simples. Se não percebemos que estamos seguindo esse padrão de atitude, no qual nos definimos pelo que pensamos, e não pelo que somos, acabamos vivendo limitadamente.

É preciso compreender que a função básica do pensamento não é determinar quem somos, mas, sim, agir em ações práticas, tais como dirigir um carro, fazer uma conta, localizar um endereço, solucionar problemas técnicos, estabelecer a comunicação e outras tantas atividades que envolvem a inteligência do ser. O pensamento é instrumento do espírito, mas não é ele o próprio espírito.

Nessa conjuntura, ao vivermos repetidas vezes uma mesma emoção, a tendência do nosso pensamento é gerar uma personalidade ou nos classificar de acordo com

---

[2] Frase proferida pelo filósofo e matemático francês Descartes.

aquela emoção. Por exemplo, se somos muito dinâmicos e agitados, podemos ser considerados pessoas nervosas e inquietas. Esse padrão de identificação permeia todos os nossos setores de atuação, personalizando-nos pelo que sentimos. É preciso saber, entretanto, que essa personalização não é o ser em si. Além disso, estarmos com energias vinculadas a determinadas emoções, ocupando nosso espaço íntimo, é bem diferente de admitirmos que somos o que essas energias expressam. O ser transcende os limites de todas essas experiências, de modo que não podemos nos definir como pessoas tristes pelo fato de sentirmos constantemente tristeza, e esse raciocínio vale para todas as outras emoções.

O pensamento é uma ferramenta limitada que serve para descrever a vivacidade de tudo que sentimos. Suas conclusões são indutoras e fechadas, por ser resultado de nosso conhecimento e de nossas experiências adquiridas, os quais, como expressões do nosso passado, não conseguem abranger o infinito da vida, que está sempre se expandindo e se modificando.

Em nossa situação atual, sem procurarmos um novo entendimento a respeito do que somos, limitamos o potencial daquilo que somos capazes de atingir e ser. Tentar ver o novo com a lente velha é limitar e distorcer os fatos, não se permitindo entrar em contato com o que até então se desconhece.

Algumas de nossas atitudes reforçam esse processo de perda de assimilação direta da vida e, como consequência, de traços da nossa personalidade, os quais, no fundo, não são reais. Vejamos algumas delas:

• Vincular a concepção da nossa natureza humana ao nosso corpo físico. (Se temos um corpo, concluímos que somos seres materiais. Entretanto, para algumas pessoas, essa sensação é tão forte, que elas chegam a duvidar que são também um ser espiritual.)

• Valorizar excessivamente nosso corpo, construindo uma imagem do que devemos ser. (Queremos "ser" belos, magros, altos; não podemos "ser" feios, gordos e outras tantas qualificações baseadas nos padrões sociais que aceitamos.)

• Depender dos elogios, das bajulações, dos mimos, dos afagos e de tantas outras formas de aprovação alheia que sustentam nossa vaidade.

• Buscar sucesso financeiro e profissional acima de tudo, visando à valorização pessoal e nos afastando do essencial.

• Apresentar sempre a imagem de pessoas seguras e extremamente confiantes, negando nossas fragilidades e limites.

• Pertencer a grupos e agremiações por não nos sentir-mos bem em estar conosco.

Ao repetirmos essas atitudes ao longo da vida, formamos uma imagem de nós, adequada ao que nos foi dito, mas não condizente com nosso espírito.

Em toda essa dinâmica distorcida, adotamos também alguns comportamentos que reforçam a associação com estados emocionais negativos, aumentando nossa perturbação e nosso sofrimento e distanciando-nos do contato real com nosso ser profundo. Indício disso são pensamentos como "Nunca vou ser feliz", "Ninguém vai gostar de mim", "A culpa é dos meus pais, que me deram esse corpo.", etc. Outras posturas indicam, ainda, nossa tendência à fuga e ao alívio imediato. Nesse caso, como nossos pensamentos não solucionam conflitos, podemos pensar: "Devo parar de pensar nesse corpo só porque ele é feio, já que na outra encarnação não será mais dessa forma. Ele é transitório. Mais importante do que ele são meus valores morais e minha beleza interior.". Apesar de estes poderem ser pensamentos reais, baseados em constatações profundas, eles também podem ser constituídos por argumentações falsas, as quais articulamos para nos sentirmos conformados e aceitarmos nossa condição, mantendo, contudo, certa revolta.

Um exemplo cotidiano em que podemos constatar essa limitação é a nossa identificação com as disposições com as quais levantamos pela manhã. Se formos mais observadores, veremos que nossos pensamentos começam a se multiplicar de acordo com esses quadros íntimos, sejam eles de mau humor ou bom humor, de tristeza ou alegria, de ânimo ou desânimo, sempre os reforçando. Fixamo-nos no eu emocional e no eu pensante, que mutuamente se reforçam, e passamos a limitar nosso ser a esses sentimentos, os quais constituem apenas alguns dos muitos setores em que nossa condição espiritual deveria operar.

Ao fixarmos nosso ser em algum dos campos do universo interior, passamos a nos localizar nesse campo específico e lá ficamos presos, sujeitos ao sofrimento causado pela limitação daquilo com que nos identificamos. Mais uma vez, essa é uma consequência da ação do nosso ego ou das nossas personalidades transitórias. Em vez de nos prendermos aos campos, deveríamos utilizá-los para desenvolvermos a inteligência exigida por cada um deles a todo momento.

Tudo isso demonstra quão inconscientes estamos a respeito da nossa insensibilidade para as forças vivas que nascem em nós.

No caso exemplificado anteriormente, "ser feio" está inserido apenas em um campo de movimentação transitória de nosso entendimento (o material), sendo, na verdade, um chamado para uma ação criativa com base na nossa inteligência. Se estivermos em uma reencarnação com essa prova, temos de transformá-la em algo benéfico ao nosso ser, desenvolvendo resignação e desprendimento de conceitos de beleza e conquistando outras qualidades que essa prova nos favorece. Se não agirmos assim e ficarmos nos lamentando e nos revoltando, estaremos limitando nossa consciência ao corpo.

A maioria de nós ainda acha que pensar muito é algo bom e que somos donos dessa ação, sem perceber que, na verdade, é o pensamento que nos domina.

Para nos libertarmos dessa armadilha de nos definirmos por meio do pensamento, devemos perceber o momento em que a conclusão mental acontece. Dessa forma, poderemos verificar algo que não veríamos quando presos e fixados mentalmente. Esse novo olhar nos mostra ângulos de nosso ser que desconhecemos. Da mesma maneira, a ampliação da consciência, por meio da captação direta da vida interior e da atenção ao que está acontecendo conosco a cada momento, torna-nos capaz de acompanhar o movimento indutor da mente, libertando-nos dela.

O desconhecido e o novo são Deus se apresentando dinamicamente, convidando-nos a sair de nossa posição fixa e cômoda, a qual nos levou a uma falsa sensação de segurança. Só nos conscientizando, conseguiremos nosso crescimento e o despertar de potenciais de inteligência ainda não desenvolvidos.

Vivamos, portanto, além dos pensamentos e dos condicionamentos que fragmentam nosso ser e nos induzem a conclusões que restringem a realidade. Vivamos o estado de silêncio no qual se localiza nosso eu real.

Despertemos a sabedoria de viver cada acontecimento no instante em que ele ocorre, no momento em que a existência nos convida a esclarecer o que está acontecendo fora e dentro de nós.

Com essa nova proposta, se alguém rir de nossa feiura, em vez de ficarmos constrangidos, optemos por enxergar tanto o estímulo da crítica quanto as emoções decorrentes dela. Optemos pelo desprendimento dessas forças constrangedoras e da libertação do sofrimento.

Não usamos os pensamentos e as emoções, mas são eles que nos usam e, para quebrar esse condicionamento, precisamos primeiro descobrir o que os pensamentos e o que as emoções causam.

Nossa consciência será desenvolvida quando passarmos a perceber esse movimento vivo do pensar e o domínio que as emoções querem ter em nossa vida. Com essa lucidez ampliada, veremos que a vida possui perspectivas mais vivas e bonitas tanto fora como dentro de nós.

Nosso ser ultrapassa a mente e a forma. Por isso, apesar de mente e forma serem aspectos da nossa intimidade, devemos ampliar nossa capacidade de nos ligar com a essência do que somos, pois nos tornamos mais essenciais no momento em que nos encontramos com os infinitos campos do universo que nos convidam a refletir a essência do Criador.

Perguntas e respostas

Qual a característica do nosso ego (ou personalidade) que nos afeta fortemente hoje em dia?

Nosso ego (ou personalidade) pensa o que somos (felizes, tristes, ansiosos, nervosos, etc.), fazendo com que identifiquemos nosso ser com base nesses pensamentos. Essa atividade do ego em nossas vidas nos afeta profundamente, pois passamos a viver de acordo com essa definição proposta pelo ego, sem entrarmos em contato com nosso espírito, com nossa essência.

É o ego que pensa?

A ação criativa de pensar é, na verdade, do espírito. Contudo, quando nos identificamos com uma personalidade, com o "quem somos", é o ego o responsável por esse pensamento.

Por meio do pensamento, podemos saber quem somos?

Não. Retomemos o exemplo: se alguém me perguntasse quem eu sou, em um primeiro grau de superficialidade da resposta, eu diria meu nome, minha profissão e quem são meus pais. Em um segundo nível um pouco mais profundo, poderia dizer que sou tranquilo, como se essa expressão definisse quem eu sou naquele momento, porque eu sou o que percebo a cada instante. Contudo, se averiguar com mais profundidade ainda, aquilo que estou sentindo e que chamei de tranquilidade tem uma amplitude maior do que a palavra quer dizer. Portanto, eu só teria uma visão mais ampla dessa sensação se a pessoa me pedisse para descrever o que eu chamo de tranquilidade.

Concluo, dessa forma, que estou em contato comigo, além das denominações limitadoras. Em uma palavra, não cabe a realidade viva daquele momento. Se eu me acostumo a me identificar com a palavra, então eu não me abro para investigações, que é, afinal, o propósito do autoconhecimento.

A terminologia "realidade viva" diz respeito a quê?

A tudo que é vivo dentro de nós. Por exemplo, quando sinto ansiedade, ela é viva dentro de mim. Da mesma forma, quando estou deprimido, a tristeza é minha realidade viva.

Até então, não tínhamos ciência de que existe vida dentro de nós, focando nossa atenção somente na vida lá fora. Entretanto, por meio do autoconhecimento, estamos descobrindo novas possibilidades de vida em nós mesmos.

Como o pensamento e a mente nos distanciam da realidade viva que somos?

A maior parte das pessoas, ao sentir alguma emoção, começa a se questionar ou a criar situações hipotéticas em suas mentes a respeito de fatos que envolvem aquela emoção. Por exemplo, quando sentimos raiva, em vez de observá-la em sua natureza energética, deslocamo-nos para o pensamento, que é imaginário, e começamos a fazer perguntas, como: "Por que estou sentindo raiva?", "De onde vem essa raiva?", "O que posso fazer para não sentir raiva?". É nesse momento que nos distanciamos da realidade viva do que estamos sentindo e deixamos de estudar a raiva e de compreendê-la.

O que é "percepção direta da vida"?

A percepção direta da vida acontece quando a ampliação da consciência se dá por uma percepção maior dos fatos que estão fora de nós e de suas repercussões em nosso mundo íntimo.

Utilizar o conhecimento para nos consolar e nos orientar é uma postura positiva?

Enquanto tínhamos necessidade de consolo, essa postura foi positiva sim. Agora, entretanto, desejamos nos conhecer profundamente e não podemos mais nos satisfazer com essa maneira superficial de lidar com os problemas. Para o espírito que deseja crescer, utilizar o conhecimento para consolo e orientação é um problema.

Como limitamos nosso ser ao eu emocional e ao eu pensante?

Quando fixamos nosso ser a emoções, estamos em contato com o eu emocional. Já quando estamos presos a pensamentos, mas não temos noção desses condicionamentos, estamos em contato com o eu pensante. Esses dois "eus" não refletem o que nosso espírito é.

Limitamo-nos a eles na medida em que nosso ser transcende, e muito, esses comportamentos. Dessa forma, definições como "sou mal humorado", "sou ignorante", "sou deprimido", "sou feliz", e tantas outras, são limitadoras, pois têm uma duração muito breve se não nos fixarmos nelas (demonstrando que não somos desse jeito). Em contrapartida, se acatarmos essas definições como algo importante para nosso ser e as alimentarmos, passamos a nos restringir a elas, impossibilitando a vida plena.

Como podemos definir que somos espírito?

Na verdade, não devemos fazer essa definição. Se cairmos na armadilha da definição, começaremos, novamente, a ter necessidade de que nossa mente defina quem somos.

Somos tão ricos como seres, que é equivocado nos limitarmos a aspectos que querem nos fixar ora no campo emocional, ora no mental; ora no corporal, ora no profissional; e assim por diante.

No dia em que tivermos uma consciência ampla, veremos que esses aspectos não podem nos definir e, então, estaremos livres deles.

O ser, durante as vidas sucessivas, está buscando sua identidade?

Não, quem busca a identidade é o ego. O que fazemos, enquanto seres, ao longo de nossas sucessivas vidas é passar por aquisições da identidade para, em seguida, perdê-las.

E Deus?

Deus não tem identidade. Como disse sabiamente Jesus: "Eu e o Pai somos um". Isso demonstra que Ele não se preocupava em ter uma identidade, pois não possuía essa necessidade. O homem, ao contrário, quer sempre caracterizar a si mesmo e as coisas ao seu redor com palavras e identificações e fará isso até perder essa conotação de existência.

Quando nos sentirmos como espíritos, perderemos a necessidade de sermos definidos por alguma coisa.

Deus está em nós ou nós somos parte de Deus?

Nenhuma das duas coisas, na verdade. Essas são duas falsas impressões que obtemos quando não investigamos profundamente esses questionamentos. Não somos parte de Deus e, da mesma forma, só saberemos quem é Deus quando sentirmos que Ele passa por nós.

Entretanto, nós somos um núcleo, um centro marcado por muitos registros e somente quando tirarmos essas marcas, Deus poderá passar por nós.

Que fatores de identificação devem existir?

Nenhum. Somos uma inteligência em que todos os fatores de identidade não precisam existir. Necessitamos, sim, de uma capacidade de fazer, sendo esta mais importante do que nos identificarmos por aquilo que fazemos.

O que significa: "veremos que nossos pensamentos começam a se multiplicar de acordo com esses quadros íntimos [...]"?

Temos um conjunto de informações, experiências e pensamentos que se relacionam às nossas emoções. Então, para expandirmos o campo emocional, o cérebro nos dá os pensamentos. Isso significa que, se estivermos tristes, nossos pensamentos vão nascer em consonância com essa energia, e nós, em seguida, passaremos a multiplicar tais pensamentos.

Como acontece a relação simbiótica entre o pensamento e a emoção?

Determinados pensamentos podem desenvolver um estado emocional. Por exemplo: quando alguém nos pergunta se estamos tristes, mesmo que não estejamos tristes até ali, essa fala pode nos induzir à tristeza, pois, inconscientemente, deixamos nosso pensamento nos levar e nos questionamos: "Será que eu estou triste mesmo?". A emoção, que estava adormecida, é desperta devido a esse estímulo. O cérebro, por sua vez, nos deu material para essa expansão.

O caminho para evitarmos isso é a negação? É pensarmos, então, que não estamos tristes?

Não. O caminho não passa nem pela negação nem pela afirmação, mas sim pela percepção do que está surgindo em nossa intimidade sem nos identificarmos com ela.

Isso significa que não devemos questionar aos outros nem a nós mesmos em qualquer estado emocional no qual estivermos?

Exatamente. Não devemos perguntar nada, mas apenas observar nossas emoções para aprendermos o que elas podem nos ensinar e deixá-las se esvaírem por si mesmas.

Partimos do princípio de que somos uma pessoa a cada instante, conforme o que sentimos, e sempre nos questionamos: O que está acontecendo na nossa vida interior agora? Angústia? Tristeza? Alegria? Felicidade?

Devemos, em vez disso, apenas estar atentos ao que somos.

Temos, então, de ser vigilantes. Observemos a sabedoria do Cristo quando nos pede para vigiar, ou seja, para estarmos atentos à vida, porque qualquer coisa pode estimular nossas emoções. Se estivermos em um estado de alerta natural, não cairemos na armadilha das emoções.

O desafio é conseguirmos estar nessa postura de atenção constante, a qual só o autoconhecimento nos proporcionará.

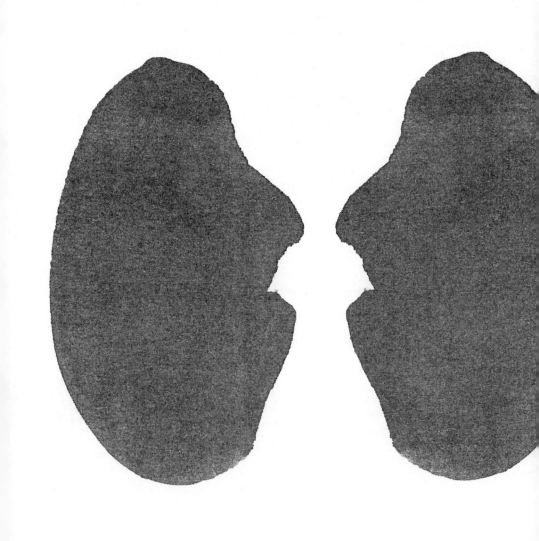

7

QUEM É O SEU MAIOR INIMIGO?

"Na experiência do objeto-referência, nos deixamos influenciar pelo que acontece fora de nossa natureza interior: pelas situações, circunstâncias, pessoas, coisas. Nesse estado, buscamos incessantemente a aprovação dos outros: nossos pensamentos e comportamentos antecipam-se a toda resposta, porque fundamentam-se no medo. No objeto--referência, nossa tendência é querer controlar as coisas, ter necessidade do poder externo. No estado do objeto-referência, o ego está em primeiro lugar. Mas ele não expressa o que realmente você é. O ego reflete apenas a sua autoimagem, a sua máscara social, o papel que você representa. Sua máscara social necessita da aprovação, de controle, de apoio no poder, porque vive com medo."

Deepak Chopra.

As sete leis espirituais do sucesso.

"- Afinal, Ernestina - indagava uma delas à mais jovem -, qual foi a causa do seu desastre? - Apenas o medo, minha amiga - explicou-se a interpelada -, tive medo de tudo e de todos. Foi o meu grande mal. - Mas, como tudo isso impressiona! Você foi muitíssimo preparada. Recordo-me ainda das nossas lições em conjunto. As instrutoras do escla-recimento confiavam extraordinariamente no seu concurso. Seu aproveitamento era um padrão para nós outras. - Sim, minha querida Benita, suas reminiscências fazem-me sentir, com mais clareza, a extensão da minha bancarrota pessoal. Entretanto, não devo fugir à realidade."

André Luiz pela psicografia de Chico Xavier.

Os mensageiros.

O universo é influenciado energeticamente a todo momento, movimentando-se pelo impulso das forças mentais de todos os seres que vivem nele. Somos, portanto, os agentes da criação, motores da vida, fonte de um fluxo incessante que influencia o todo.

Considerando esse fato, em uma sociedade na qual impera o pensamento desgovernado, a vida torna-se um caos, pois o sofrimento nada mais é do que consequência de nossos pensamentos coletivos.

Um dos fatores com os quais devemos nos preocupar é o medo, que, atualmente, constitui a principal força sustentadora da nossa humanidade. Façamos, por isso, algumas considerações sobre ele.

O medo é o mecanismo de defesa que utilizamos quando somos ameaçados fisicamente, sendo reflexo da dor e base do instinto de preservação adquirido no reino animal. Quando somos ameaçados por alguma possibilidade concreta, como um atropelamento, a presença de um animal raivoso ou uma agressão física, estamos diante de situações em que o medo exerce sua função natural de preservação, sendo, portanto, usado em nosso benefício.

Entretanto, há também as situações em que deslocamos o medo para o campo da mente e utilizamos o pensamento para criar ilusões. É comum, portanto, que tenhamos medo do que os outros falam ou pensam a nosso respeito, medo do futuro, medo da morte, medo de perder a saúde, medo de ficar pobre e outros tantos, que nos fazem antecipar algo que não está acontecendo no agora e que talvez nem mesmo acontecerá.

Se observarmos o medo, perceberemos que ele está sempre ligado a algo. Devemos analisar, então, se é algo concreto ou imaginário. Um exemplo de medo ligado ao imaginário é quando afirmamos que temos medo do desconhecido. Isso não é possível, pois essa emoção só existe em relação àquilo que conhecemos ou experimentamos, e o desconhecido, portanto, não pode nos ameaçar.

Quando falamos "Estou com medo de morrer" ou "Tenho medo que ocorra um acidente comigo", baseamo-nos nas experiências ocorridas com outras pessoas ou naquelas ocorridas com nós mesmos no passado, o que gera medo por meio da imaginação do que pode vir a acontecer.

Isso demonstra como nosso pensamento funciona com base, na maioria das vezes, no medo: busca-se a experiência do passado para refletir o que acontecerá no futuro.

Precisamos compreender que, quando o objeto do medo é um fato real, estamos reagindo em nosso benefício, mas, quando esse objeto se torna imaginário, o medo é ilusório, fazendo com que percamos contato com o agora e, com isso, prejudicando-nos.

Em nosso cotidiano, temos várias situações que demonstram bem a ação maléfica do medo ilusório em nossa vida.

Quando trabalhamos com medo de perder o emprego, por exemplo, reduzimos a capacidade natural de agir, de forma que não assimilamos o fato de que ainda continuamos com nosso trabalho. Sofremos tanto pelo que não está acontecendo, que a mente induz o cérebro a produzir enzimas e hormônios para atender essa disposição mental. Tudo isso gera desconforto, e o sofrimento ilusório poderá fazer com que, de fato, percamos o emprego.

Se examinarmos mais de perto também o habitual medo da morte que várias pessoas compartilham, veremos que ele é característico da nossa forma de pensar distorcida. Pensamos quando e como vamos morrer, mesmo que não estejamos morrendo agora nem tenhamos como descobrir como essa passagem se sucederá. Afinal, passar pela morte é bem diferente de pensar sobre ela.

O sofrimento mental está sempre ligado a emoções perturbadoras e nos leva à paralisia. Por isso, temos de estar conscientes de que somos os criadores de tudo o que acontece conosco.

Nosso aprendizado se dará no exato momento em que, ao sofrermos ilusoriamente por qualquer experiência, conseguiremos enxergar que ela é exclusivamente mental, e não concreta. É necessário, portanto, descobrir como pensamos e ter um nível de consciência do medo anterior ao pensamento. A partir do instante em que modificamos o nosso modo de pensar, vemos a ignorância que o sustenta, despertamos para uma visão consciente do que está acontecendo e, consequentemente, fazemos com que o medo enfraqueça.

Se não nos propusermos a mudar de atitude, o medo continuará influenciando nosso pensamento, tornando-o negativo e pessimista, o que, por sua vez, nos causará sofrimento. Ao contrário, quando compreendermos o medo, tiraremos sua força energética e ele não terá mais o mesmo efeito de antes.

Não por acaso Jesus disse "não resistais ao mal"[1], pois a chave para nos libertarmos do medo é vê-lo atentamente, em uma atitude de aceitação do momento energético em que nos encontramos, sem resistência, sem julgamentos e sem questionamentos. Não nos entregaremos ao medo até que ele enfraqueça por si só.

Só a compreensão alcançada por meio da percepção do pensar e do sentir fará com que o medo desapareça sempre que vier do nosso próprio pensamento. Desenvolver essa capacidade é dar um passo ao encontro de nosso espírito, o qual não traz o medo em sua essência.

[1] Mateus 5:39

Perguntas e respostas

O que significa dizer que sofremos pelo que não está acontecendo na realidade viva?

Diante de um acontecimento, não levamos em consideração o dinamismo da vida interior. Muitas pessoas acham que a vida está apenas por fora, sem perceber que quem produz os problemas é a vida que está dentro de nós. Quando uma pessoa grita conosco, não é o grito que vai repercutir como problema dentro de mim, mas sim a reação emocional que eu tenho a ele. Dessa forma, os elementos que propiciam o mal estar são minhas reações emocionais.

Outra característica dessa vida interior é a ação dos pensamentos que geramos. Se examinarmos mais de perto o medo da morte, veremos que nossa reação diante dela está muito mais ligada a nossa forma de pensar do que ao medo da morte em si. Pensamos quando e como vamos morrer, mesmo que isso não esteja próximo de nossa realidade. Ao agirmos desse jeito, causamos problemas emocionais e físicos reais diante de uma morte imaginária.

Como influenciamos o universo? O que temos criado pode influenciar negativamente o planeta?

Influenciamos não só o planeta, mas todo o universo, por meio de nossas energias.

Atualmente, a humanidade se expressa por meio de conflitos, agressividade e depressão, ou seja, ela tem sido mais sofrida do que feliz. E nós, como agentes criadores, devemos nos questionar a respeito do que temos produzido para colaborar com essa condição.

O universo é, ao mesmo tempo, dinâmico e passivo, recebendo tudo aquilo que produzimos. Dessa maneira, o nosso planeta se encontra nas condições atuais porque sustentamos isso e somente mudando nossa maneira de pensar e sentir, conquistando a nobreza do nosso viver com amor, bondade, compaixão e fraternidade, poderemos construir um ambiente mais harmônico.

Como se dá a passividade do universo?

O universo é passivo energeticamente, pois se movimenta pelo impulso das nossas forças mentais. Como ele é a manifestação material da vida, o agente dessa materialização somos nós, uma vez que Deus não age diretamente na matéria, mas cria o tempo inteiro.

Se Deus cria constantemente, onde está a energia divina?

A energia divina está em nós. Deus nos criou como seu próprio reflexo, como seres inteligentes que agem sobre a matéria criando as diversas formas de sua manifestação.

Deus não é o universo?

Não. O universo é o reflexo da mente de Deus, área de atuação do espírito. Deus é o criador daquilo que é eterno (o fluido cósmico universal e o princípio inteligente), de forma que toda expressão material é criação dos seres.

Como as forças mentais estão ligadas ao medo?

O medo é a força sustentadora de todas as demais, como a ansiedade, o preconceito, a inveja, a desconfiança, a mágoa e a raiva. É necessário, portanto, percebermos como ele age, de forma a restringirmos sua atuação somente às situações em que ele é real.

A consciência, oriunda do autoconhecimento, é a chave para a libertação do medo. Quando detectamos o medo e o deixamos fluir naturalmente para fora, sem sustentá-lo com palavras, pensamentos e ações, ele se enfraquece em sua origem. Por isso, se faz necessário que tenhamos cuidado com nossos pensamentos, pois os negativos fortalecem o medo e os positivos enfraquecem sua ação.

Qual a relação entre medo e pensamento?

Existe o medo que gera o pensamento e também o pensamento que gera o medo. Na primeira situação, ao sermos tomados por uma súbita sensação de medo, criamos pensamentos que se associam a ele, tornando-o real. É o que acontece, por exemplo, quando vemos um cachorro raivoso e pensamos que ele pode nos atacar. Em outras situações, entretanto, fazemos o caminho contrário: pensamos sobre situações específicas e estas nos geram medo. É o que acontece, por exemplo, quando ouvimos uma notícia sobre a violência na sociedade e começamos a pensar sobre como isso pode nos atingir. Como consequência, passamos a sentir medo de uma violência que talvez nunca venhamos a presenciar.

Qual a relação entre pensamento, medo e lembrança?

Os pensamentos, na maioria das vezes, são constituídos por lembranças. Estas, por sua vez, nos levam ao passado e, quando projetadas para o futuro, nos dão medo de vivê-las novamente (nos casos em que foram ruins) ou de não vivê-las (quando foram boas).

Essa movimentação mental é perigosa, pois pode gerar a ansiedade, a qual, conjugada com o medo, é responsável por inúmeros desastres internos.

O pensamento criativo nasce do espírito, mas ainda não desenvolvemos a capacidade plena de produzi--lo.

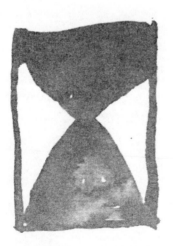

8

OS DOIS TEMPOS

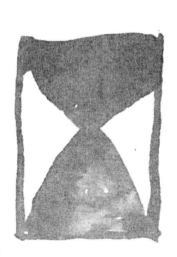

"Como a palavra espaço, tempo é também um termo já por si mesmo definido. Dele se faz ideia mais exata, relacionando-o com o todo infinito. O tempo é a sucessão das coisas. Está ligado à eternidade, do mesmo modo que as coisas estão ligadas ao infinito."

Allan Kardec.

A gênese, capítulo 6, item 2.

"É interessante observar que a maior parte de nossa vida é gasta com o tempo, não o tempo no sentido de sequência cronológica, de minutos, horas, dias, meses e anos, mas no sentido de memória psicológica. Vivemos pelo tempo, somos resultado do tempo. A nossa mente é produto de tempos passados, e o presente é meramente a passagem do passado para o futuro."

J. Krishnamurti.

A primeira e a última liberdade.

O tempo é um fenômeno da existência para o qual é necessário estarmos atentos, principalmente quando estamos ocupados em nos autoconhecer.

Se analisarmos com cuidado, veremos que existem dois tempos conjugando-se em nossas vidas: o cronológico e o mental. O primeiro existe em decorrência do movimento planetário e é perceptível pelos homens. O segundo, por sua vez, é criado por nosso pensamento sempre que nos fixamos às coisas do nosso passado ou a acontecimentos previstos para o futuro. Comparando-os, é fácil perceber que o tempo cronológico acontece naturalmente e de maneira objetiva, real, em contraposição ao tempo mental, que acontece por meio dos nossos pensamentos, sendo, portanto, ilusório e superficial, pois nos distancia da realidade e cria grande parte de nossos problemas.

Todo movimento mental traz consigo uma quantidade enorme de emoções, que são os fatores perturbadores de nossas vidas. Logo, quando nosso viver está constantemente voltado para nossas lembranças, as quais são projetadas por nós para o futuro, experimentamos o medo: medo de voltar a vivê-las, caso tenham sido dolorosas, ou medo de não vivê-las novamente, caso tenham sido prazerosas. Daí surgem sentimentos como a ansiedade e tantos outros comuns aos dias de hoje, que são efeito desse modo de viver que nos afasta dos aspectos reais de nossa existência, daquilo que acontece no "agora".

O agora é o único tempo que existe para que nossas ações determinem os rumos de nossas vidas. Viver restritos ao tempo mental é criar uma cronologia falsa e doentia. Afinal, nossas lembranças, sejam elas boas e ruins, sustentam o tempo psicológico, determinando quem somos e distanciando-nos do agora.

Precisamos compreender que viver os prazeres e as dores das experiências quando elas estão de fato acontecendo é a única maneira de aprender com elas verdadeiramente. Nessa vivência plena de cada acontecimento, encerramos a experiência quando ela termina, abrindo-nos para que ela ocorra novamente.

Muitas pessoas, não sabendo como se livrar das amarras do tempo mental, perguntam se é possível parar de pensar. No entanto, o problema não é esse. Pelo contrário, ao criarmos uma resistência aos pensamentos, nós os fortalecemos, aumentando nossa dificuldade em lidar com eles.

Nossos pensamentos, emoções, corpos, profissões, funções, roupas, entre outros tantos aspectos, são instrumentos para enriquecer as nossas vidas e não para determinar quem somos. Se conseguirmos organizá-los, colocando-os em seu devido lugar, eles proporcionarão o despertar de nossa sabedoria em viver e uma nova inteligência em agir.

As constatações aqui expostas só terão importância se conseguirmos, cada um, notá-las de forma clara no exato momento em que elas ocorrem em nossas vidas. Com essa percepção, conquistaremos, paulatinamente, o entendimento de tudo o que nos acontece e conduziremos uma ação espontânea de transformação real em nossa maneira de viver.

Perguntas e respostas

Alguns psicólogos sugerem que seus pacientes lembrem-se constantemente de suas boas experiências, pois por meio delas conseguirão viver com mais felicidade. Você está propondo o contrário. Por quê?

Proponho que as pessoas esqueçam suas experiências, sejam elas boas ou ruins, porque nos lembrar do passado e repetir em nossa intimidade as emoções e impressões que o sustentam é manter a perturbação que temos, não nos permitindo viver, no agora, situações que contribuem com nossa evolução.

Lembrar-se constantemente do passado, seja ele feliz ou triste, é uma maneira de nos desligarmos da realidade e permanecermos no sonho.

QUEM É AQUELE QUE BUSCA?

"Experimentar o silêncio significa afastar-se periodicamente da atividade da fala. Significa, também, afastar-se periodicamente de atividades como assistir televisão, ouvir rádio, ler um livro. Se você nunca se entregar à experiência do silêncio, estará provocando turbulência em seu diálogo interior."

Deepak Chopra.

As sete leis espirituais do sucesso.

"Por um instante, você se libertou do tempo. Ao se concentrar no presente, pôde perceber a árvore sem o enquadramento da mente. A consciência do ser tornou-se parte da sua percepção."

Eckhart Tolle.

O poder do agora.

Ao contrário do que dizem, não somos como um papel em branco no qual as novas experiências marcam e fixam seus valores. De nossas vidas anteriores, trazemos vários aspectos, atributos, experiências e forças que nos caracterizam atualmente e direcionam nosso modo de viver há milênios.

Entretanto, não fomos educados para registrar esses impulsos, energias e forças de existências anteriores, os quais fazem um pano de fundo para os novos registros.

Toda essa gama de elementos, somada às novas vivências e culturas da atual encarnação, constrói a nossa personalidade, fortalecendo ou enfraquecendo nossas tendências e hábitos e, consequentemente, tipificando nosso jeito de ser. Por exemplo, se trouxermos uma experiência traumática de uma existência anterior, na qual o medo predominou, teremos predisposição em nascer com essa emoção latente. Da mesma forma, se nossas experiências infantis também forem baseadas nessa emoção, esse traço irá se acentuar ainda mais. Entretanto, se elas forem constituídas por vivências opostas, o medo pode diminuir.

Nossas energias básicas foram trabalhadas na evolução, de forma a imprimir em nós todos os impulsos energéticos que determinam nossa maneira de buscar, agir e reagir. Muitas dessas energias atuam sem que tenhamos consciência delas, determinando, por condicionamentos, o que somos e como somos. Aliadas, portanto, ao pensamento e ao comportamento que lhes dá material de criação tornam-se poderosas matrizes as quais temos dificuldade de desfazer.

Há diversos tipos de pensamentos que se associam por afinidade a emoções, as quais, por sua vez, fundamentam-lhes a base de sustentação. Se não compreendermos esse processo por meio do autoconhecimento, continuaremos a ser conduzidos por essas emoções e pensamentos como se fossem aspectos naturais em nossas vidas. Uma reação que exemplifica esse condicionamento é a raiva que sentimos imediatamente após sermos contrariados, a qual é sustentada e expandida por pensamentos que surgem espontaneamente: "Ele me deve obediência.", "Ela deveria fazer exatamente como pedi.", "A maneira como eu quero que seja feito é a melhor.", etc.

À medida que alimentamos essa distorção, mais profunda ela se torna, principalmente devido às cargas emocionais que a reforçam, impedindo-nos de identificar as mudanças constantes da vida, as quais nos revelam caminhos contrários. O que é pior: conforme nosso estado emocional, acreditamos que a vida se restringe àquela emoção dominadora. Dessa maneira, se estivermos sempre tristes, acreditaremos que a vida é só tristeza; se estivermos sempre com raiva, acreditaremos que a vida é só rancor, e assim por diante.

Um dos propósitos da vida é que estejamos cientes desses mecanismos. Se seguirmos essas forças cegas na busca da verdade do que somos, elas nos impedirão de ter uma mente inocente para o novo, para os ângulos infinitos da vida, que estão em constante alteração e os quais precisamos sentir e assimilar em todos os momentos.

Nossos saberes também fazem parte desse fundo interpretativo que nos impede de ver a realidade viva e nova. Se, até aqui, eles nos ajudaram a direcionar nossos passos para não errarmos, nessa fase de evolução que se descortina, já não há necessidade desse tipo de direcionamento. Para nos adaptarmos a essa nova fase, teremos de transformar aquilo que conhecemos como fator de sustentação em elemento de descoberta e de investigação de novas vivências.

Todos os recursos que usamos até agora para nos conhecer de fora para dentro serão superados pela necessidade de ver com novos olhos. Agora, começamos a caminhar em uma linha reta de crescimento e de despertar.

Perguntas e respostas

Por que não fomos educados para ter contato com os recursos adquiridos em nossas existências anteriores?

Isso acontece porque a maior parte das pessoas acredita que nascemos como um papel em branco, sem conteúdo interior. Logo, nossa educação é toda voltada para fora, pois, desse ponto de vista, não há o que explorar dentro de cada um, como se todo nosso conhecimento devesse ser adquirido de vivências exteriores. No entanto, essa percepção está incorreta, pois já chegamos à vida cheios de tendências e impulsos.

Os recursos adquiridos em existências anteriores são, de fato, energias potenciais?

Sim. Toda matéria é energia condensada, e o espírito é energia inteligente individualizada. Assim, quando nos expressamos, fazemo-lo energeticamente, pois nossos pensamentos, medos, alegrias e mesmo nosso corpo físico são energia.

Toda a gama de elementos adquiridos em nossas existências passadas, somada às novas experiências e culturas, direciona para uma formação personalística do nosso ser. Dessa forma, pode-se dizer que os recursos adquiridos anteriormente se transformam em energia potencial para a atual encarnação.

É correto dizer que, por meio do autoconhecimento, teremos de desconstruir nossas matrizes comportamentais?

Sim. As experiências que vivemos foram necessárias para desenvolvermos o nosso ser, mas, uma vez que esse propósito foi atingido, elas não o são mais.

Se hoje usamos as palavras para nos comunicarmos, em um futuro próximo, elas não terão mais essa função e, portanto, serão desnecessárias. Da mesma forma, o corpo de que nos servimos para nos expressarmos não será necessário após a morte, assim como o ódio que hoje sentimos não será realidade no futuro.

Por meio do autoconhecimento, teremos, então, de nos desfazer dessas forças personalísticas adquiridas na evolução, dessas energias básicas do nosso ser.

Por quê?

Porque as forças as quais nos referimos neste momento serviram como base das nossas experiências em circunstâncias passadas, a fim de despertar nosso potencial íntimo. Hoje, no entanto, somos chamados a nos desfazer do condicionamento que essas forças nos impõem. Vejamos um exemplo: eu adquiri uma matriz de medo no reino animal que me foi muito útil, pois, naquele momento, me serviu como instinto de sobrevivência. Hoje, no entanto, não posso usar o medo para solucionar os meus problemas humanos, pois, em uma situação de perigo, se o medo me dominar, posso ficar sem ação ou até fugir desesperadamente, em vez de buscar soluções inteligentes e práticas.

O que nos impede de registrar a realidade viva com um novo olhar?

O saber é um dos elementos que compõem nosso fundo interpretativo e é sob sua perspectiva que vemos nossas experiências. Portanto, é ele que nos impede de ver o novo, pois, nesse sentido, o saber é um pré-conceito.

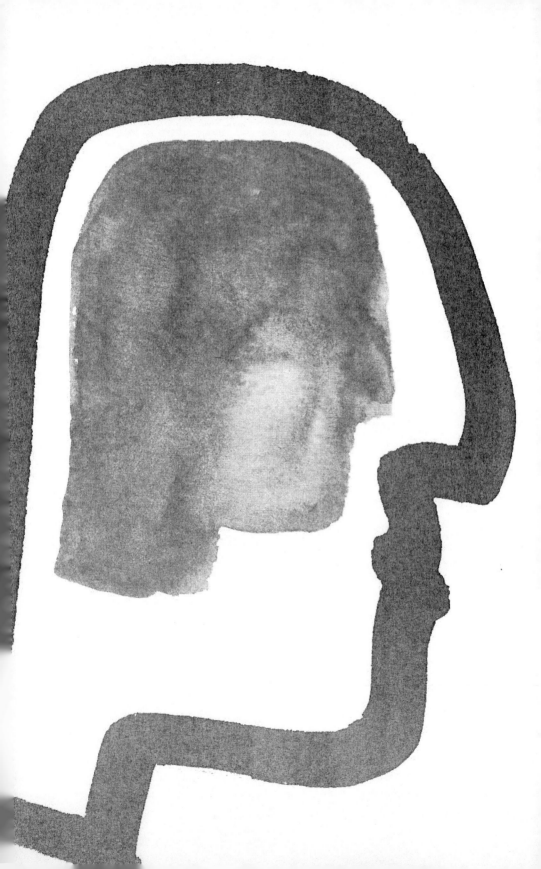

10

A SOCIEDADE FOI FEITA PARA VOCÊ OU VOCÊ FOI FEITO PARA ELA?

"A vida social está na Natureza?

'Certamente. Deus fez o homem para viver em sociedade. Não lhe deu inutilmente a palavra e todas as outras faculdades necessárias à vida de relação'."

Allan Kardec.

O livro dos espíritos, questão 766.

"Então, você e eu somos o problema, não o mundo, porque o mundo é a projeção do que somos e, para compreender o mundo, precisamos primeiro compreender a nós mesmos. O mundo não é algo separado de nós. Nós somos o mundo, e nossos problemas são os problemas do mundo."

J. Krishnamurti.

A primeira e a última liberdade.

"O lar coletivo, definindo afinidades raciais e interesses do clã, é o conjunto das emoções e dos pensamentos daqueles que o povoam. Entre as fronteiras vibratórias que o definem, por intermédio dos breves aprendizados "berço-túmulo", que denominamos existências terrestres, transfere-se a alma de posição a posição, conforme os reflexos que haja lançado de si mesma e conforme aqueles que haja assimilado do ambiente em que estagiou."

Emmanuel pela psicografia
de Chico Xavier.

Pensamento e vida.

Será a sociedade o resultado dos nossos relacionamentos uns com os outros? Somos nós diferentes da sociedade ou somos a própria sociedade? A sociedade nos impõe ser quem somos? Quando dizemos que "a culpa é da sociedade", estamos a transformando em um ser?

Todas essas dúvidas são desafios para nossa concepção da vida, influenciando, a todo o tempo, a forma como somos.

A sociedade é um campo de desenvolvimento de nosso espírito no qual a inconsciência preponderou. Isso significa que o desenvolvimento de nosso ser dentro do mecanismo da lei de causa e efeito nos relacionamentos com grupos e raças acarretou, até aqui – momento em que ainda não sabemos quem somos –, o modo como agimos.

Atualmente, em sociedade, temos a obrigação de possuir uma excelente condição financeira para que possamos pertencer às melhores classes sociais e para sermos importantes devido aos nossos títulos. Tudo isso nos induz a um consumismo cada vez maior e, com todas essas demandas, entramos em um ciclo doentio de viver, sendo constantemente submetidos a cobranças e a pressões externas e internas. Ao aderirmos a esse estilo de vida sem questionamento, afastamo-nos da natureza simples e pura do nosso ser e perdemos a oportunidade de sermos felizes com o que somos.

Outra distorção presente na sociedade é o nosso desejo de nos sentirmos amados, respeitados e reconhecidos, adequando-nos constantemente ao que as pessoas querem que sejamos. Analisemos alguns exemplos: quando uma mãe fala ao filho que, se for obediente, ele será um bom menino, ele tentará, então, ser obediente sem compreender exatamente o que isso significa. Da mesma forma, quando um professor diz que o aluno é inteligente porque ele tira uma boa nota, o aluno tentará a todo custo permanecer com essa imagem, criando um conceito superficial de que ser inteligente significa apenas deter muitas informações e tirar boas notas. Esses estímulos nos levam a deixar de investigar o saber profundo das nossas condições e fazem com que nos dediquemos a ser superficialmente aquilo que nos induziram a ser.

Na base dessa distorção, está o medo, que é o oposto do ser.

O medo nos paralisa e não nos deixa ser espontâneos no momento em que somos chamados a agir acertadamente diante dos desafios de crescimento da vida, criando fatores de distanciamento da nossa autêntica condição de ser quem somos. Quando perdemos o contato com o que somos, estamos perdendo contato com o mundo. Para nos encontrarmos, precisamos estar conosco.

Termos lucidez sobre isso tudo é importante para que não sejamos joguetes da sociedade e de suas convenções morais, as quais se encontram distantes da moral espiritual, que é a essência do próprio ser. Adequarmo-nos a esses padrões morais significa exercermos a disciplina para não errar, sendo esse proceder necessário para aqueles que não conseguem se encontrar consigo mesmos, posto que essa atitude superficializa o comportamento e proporciona a perda de qualidades, como a criatividade e a espontaneidade.

Adquirir virtudes da maneira como fazemos hoje está em perfeito acordo com nosso atual estágio de desenvolvimento, pois, na condição humana, as virtudes são conquistadas de fora para dentro, por meio da apreensão de conceitos e do exercício prático deles. Essa é, também, a razão de perdermos tais virtudes, pois elas não foram desenvolvidas em caráter permanente. Afinal, quantas vezes falamos: "Perdi a paciência", "Perdi a fé", "Perdi a coragem"?. Isso acontece porque essas virtudes foram apreendidas de fora para dentro, mas não foram descobertas em nosso íntimo.

Ser virtuoso, ao contrário do que pensamos até agora, não significa adquirir virtudes, mas sim despertar o potencial da inteligência que nasce do ser. Para conquistarmos nossa plenitude, não precisamos adquiri-las, pois elas sempre estiveram potencialmente dentro de nós.

Quando a sociedade se impõe, ela se torna mais importante do que a própria criatura, deturpando o que é verdadeiro. O homem passa a ser um objeto da civilização, uma máquina que deve repetir e reproduzir o que a sociedade quer. Perde-se, dessa forma, a criatividade, que é atributo do ser. Certamente, nos aspectos práticos e funcionais, a sociedade cumpre seu papel, até que o homem possa incorporar esses aspectos em si e possa, também, em algum momento do crescimento pessoal, dispensar essas indicações exteriores.

Até aqui, a sociedade tem sido instrumento de apoio à inconsciência de muitos, e o indivíduo que ignora essa realidade se insere nesse movimento e sustenta a construção de falsos valores. Faz-se necessário, portanto, mudar a forma de nos concebermos, pois não somos o nome que usamos, a sexualidade que expressamos, a profissão que exercemos, a família de onde viemos nem tantas outras formas de designação do nosso ser. Essas funções são atribuições que caracterizam nossa capacidade de desenvolver a inteligência essencial em cada acontecimento da vida. Ao ter ciência dessa dinâmica, nos aproximamos cada vez mais daquilo que somos: espírito.

Essa fase de disciplina, para muitas pessoas, já está passando, e ter a capacidade de ser o que somos — espírito — é o que vai alavancar o surgimento de novos valores para nós e para a vida planetária em seu desdobramento de potencial e possibilidades.

A visão de nós mesmos e do outro dentro dessa nova perspectiva proporcionará a satisfação de todos, e não mais das partes. Uma visão abrangente romperá com todos os rótulos, em uma perspectiva da expressão da natureza criativa individual que reflete o universo. Essa nova proposta de vida influenciará a formação de uma nova sociedade, que crescerá além das induções superficiais geradas pelas nossas mentes e pela nossa forma atual de viver.

Hoje, dentro da perspectiva do autoconhecimento, somos convidados a aproveitar o período da convivência em sociedade para criar uma nova percepção de quem somos, não aceitando mais suas diretrizes na formação de nossa personalidade. Devemos utilizar a sociedade para que venhamos a exercer funções pontuais nos acontecimentos do agora, como quando estamos educando filhos na função materna ou paterna; quando estamos dirigindo um carro no objetivo de chegar a algum lugar; quando estamos ocupados em nossa profissão exercendo as atividades que lhe são próprias, etc. Exercendo nossas funções apenas como aspectos pontuais de nossa vida, não nos identificaremos mais com a personalização de pai, mãe, motorista, engenheiro ou secretário; passaremos a ser agentes de inteligência.

A sociedade foi feita para o homem ou o homem foi feito para a sociedade? O entendimento dessa questão se relaciona ao que Jesus disse: "[...] O sábado foi feito por causa do homem e não o homem por causa do sábado.".[1]

Quando não nos conectamos com nossa essência espiritual, impomos ostensivamente nossos valores aos outros e até a nós mesmos, colocando-nos contrários à sociedade e às ideias nela vigentes, na tentativa de afirmação de quem achamos ser. Essa atitude é superficial e não implica uma proposta válida de mudança.

A consciência libertadora está no autoconhecimento, que desperta a inteligência natural do nosso ser para nos conectarmos com um novo modo de agir. Essa nova visão é importante para a liberdade efetiva, pois, somente por meio dela, não estaremos nunca contra

---

[1] Marcos 2:27.

alguma coisa, grupos ou ideologias, mas sim abertos para a compreensão do contexto em que cada um deles se insere.

Nessa nova sociedade, o medo não terá vez, e sim o surgimento da educação baseada no autoconhecimento e no desdobramento de todos os potenciais vivos da inteligência infinita, sob influência direta da imortalidade.

É importante, antes de tudo, identificar quem somos na sociedade sem negar nossas reações e comportamentos nela, de forma que possamos nos libertar das cadeias colocadas nos relacionamentos com o outro. Não serei quem sou se não destruir em mim o que não sou.

Perguntas e respostas

Foi dito que não devemos ser nosso nome, nosso sexo, nossa profissão, nossa família nem outras tantas formas de designação. Nesse caso, quem somos nós sem essas referências?

Somos a essência inteligente, e não a valorização dos papéis assumidos, temporariamente, por essa essência. Logo, não podemos ser definidos por aquilo que fazemos.

Quando perdermos essa referência, aproximaremo-nos do espírito criador, o qual se expressa por meio da capacidade de utilizarmos esses papéis sociais para despertar nossa inteligência.

Qual visão devemos adquirir para alcançarmos a liberdade em relação à sociedade?

Precisamos compreender que não devemos mais ser fruto de formação da sociedade, pois quem determina a ação na sociedade somos nós. A exemplo de Jesus, que disse que "[...] O sábado foi feito por causa do homem e não o homem por causa do sábado.", devemos entender que a sociedade foi feita para nós, e não nós para ela.

Devemos então agir em conformidade com o que achamos ser coerente?

Isso mesmo, e a coerência tem de estar ligada à essência do ser, em vez de estar simplesmente em conformidade com o que a sociedade nos propõe.

Na nova sociedade, como poderemos nunca estar contra alguma coisa?

Com a legítima revolução pessoal, não lutamos contra nada, pois, por meio dela, descobrimos uma transformação que não depende de imposição nem de convencer ninguém. Podemos, dessa forma, compreender o contexto em que cada grupo ou ideologia se impõe, sem nos colocarmos contrários a eles.

O espírito é uma virtude?

A ação do espírito torna-se aquilo que chamamos de virtude.

Fomos, até aqui, estimulados pelo mundo exterior na aquisição de nossas virtudes?

Sim. Esse fato é característico do espírito na condição humana, que pratica uma virtude até se aprimorar nela. Como espírito, as virtudes despertarão em nós naturalmente, não sendo passíveis de perda.

Se quisermos adquirir a paciência, não a conseguiremos perseguindo-a. Com o autoconhecimento, notaremos que a causa da nossa impaciência reside em nosso temperamento egoísta e arrogante. Somente quando conseguirmos mudar nosso comportamento é que não teremos mais a necessidade de querer adquirir a virtude da paciência, pois a desenvolveremos naturalmente.

Na vida em sociedade, ao obedecermos ao conjunto das regras sociais, estamos sendo manipulados?

Sim, podemos ser manipulados quando nos colocamos na posição de responder às expectativas dos outros. Muitas vezes, pode não parecer uma manipulação, no entanto, há um nível de interesses nesse jogo de relacionamentos no qual devemos transparecer que somos pessoas nobres, respeitáveis, honestas, capazes, do bem. Em alguns momentos, essa manipulação se faz evidente, em outros, não. Independentemente disso, reflete-se, dada essa necessidade de parecermos ser o que não somos, a presença da hipocrisia em muitas de nossas relações.

Então, não é a sociedade que nos manipula, mas sim nós mesmos?

Exatamente. Por isso a pergunta: a sociedade é uma personalidade que nos manipula ou nós somos o conjunto de relacionamentos que sustenta a sociedade?

Relacionamo-nos com a sociedade como se ela fosse um ser, mas, em verdade, nós somos a sociedade ao nos relacionarmos com o outro. Quem dita as regras são as pessoas que constroem os relacionamentos e, portanto, somos a sociedade que manipula o outro e deixa que o outro nos manipule.

Por que estamos distantes da moral verdadeira?

A moral verdadeira nasce da essência espiritual do ser, portanto, nós a temos naturalmente em nosso espírito e não precisamos demonstrá-la. Sempre que somos naturalmente espíritos, somos também a expressão dessa moral.

Atualmente, entretanto, há uma necessidade de criar uma moral social para que haja certo nível de harmonia entre os homens. Além disso, existe ainda a falsa moral, que surge quando queremos demonstrar ser, perante os outros, aquilo que não somos.

Com essa vivência, não corremos o risco de pensar a moral?

Sim, e pensar a moral é muito perigoso, pois estamos falando de uma moral que não conseguimos viver, só idealizar.

Foi dito que nos padronizarmos a uma moral é disciplinar-nos para não errar. Essa padronização ocorre em relação a qual moral: social, transitória ou religiosa?

À moral transitória. Viver em sociedade nos conduz a essa padronização, por ora indispensável, até que deixemos de lado essa necessidade de adaptação e possamos a nos entregar à moral verdadeira, que vem do espírito.

Por que, quando alguém pensa algo positivo sobre nós, tentamos nos comportar de forma a manter essa imagem?

Na condição humana, não conseguimos ainda ser espírito nem temos contato com seus imensos valores. Por isso, adaptamo-nos a situações que mais nos gratificam, principalmente no que diz respeito à aprovação da nossa autoimagem.

Deveríamos viver naturalmente nossa condição de ser, mas, como não conseguimos isso ainda, criamos as adaptações para agradar aos outros.

No reino humano, o espírito não sabe que é espírito?

Não só no reino humano, mas em todos os reinos anteriores. Não temos dúvida de que somos seres humanos, porque sentimos isso de forma patente, mas temos dificuldade de aceitarmos que somos espíritos, pois não percebemos essa virtude em nós.

Para darmos o salto de homem para espírito, não podemos mais viver como homens, temos, sim, de retornar à condição essencial daquilo que somos. Dessa forma, não vamos pensar ser, vamos simplesmente ser.

O que somos no reino humano é fruto da educação. O motorista é motorista porque estudou para dirigir; o biólogo é biólogo pela mesma razão, e assim por diante.

Como não conseguimos estudar para sermos espírito, não alcançaremos essa percepção pela educação formal, mas sim pelo autoconhecimento.

Por que o medo é o oposto do ser?

Porque não queremos perder quem achamos que somos. Exemplificando: se alguém nos diz que somos bons, temos medo de acreditar que não somos, de forma que nosso medo é a razão de mantermos nossos comportamentos e de não investigarmos sua origem mais profunda. Temos medo de não ser quem "devemos" ser.

O medo impede nosso ser de se manifestar e, portanto, a outra forma de vermos o medo seria "não ser".

Quando perdemos a necessidade de afirmar quem somos, ou seja, quando não desejarmos reconhecimento por aquilo que fazemos, vamos ser espíritos. Nesse momento, sairemos desse padrão de querer definir quem é o ser e poderemos sê-lo de fato.

Para que isso ocorra, contudo, temos de destruir o que não somos, e isso é o que o medo sustenta.

Observemos Deus: não podemos definir o que Ele é, pois só sabemos o que Ele não é (parcial, vingativo, injusto e todas as outras características humanas que conferimos a Ele). Temos, portanto, de chegar a uma condição da própria existência de Deus, que é anônima.

Esse "não ser" pode ser relacionado à fala de Jesus, quando Ele disse "eu e o Pai somos um"?

Sim. Essa é a condição mais profunda na qual o espírito pode viver. Em sua fala, Jesus tira sua personalização para que a ação divina passe por Ele, não se destacando em sua ação. Por isso, Ele e o Pai são um.

Há pouco tempo, li a respeito de um trabalho mediúnico que evidenciava a ação de Deus. O narrador observou que, trabalhando junto ao médium, havia espíritos em diferentes hierarquias e, à medida que o trabalho se intensificava, todos os envolvidos, desde o médium até o espírito mais elevado, foram banhados por uma grande luz que "apagava" todas as personalidades, como a dizer que, a partir dali, quem operava era Deus. Eis aí mais um exemplo dos ensinos de Jesus.

Como distorcemos a realidade de nosso ser espiritual?

Em O evangelho segundo o espiritismo, encontramos o seguinte trecho: "Em sua origem, o homem só tem instintos; quando mais avançado e corrompido, só tem sensações [...]".[2]

A distorção ocorre justamente quando deixamos de ser quem somos para nos personalizarmos por sensações, como corpo, dinheiro, carro, família, profissão e tantas outras expressões da nossa existência.

Como se dá o processo de personalização?

Vamos exemplificar: quando alguém nos pergunta quem somos e dizemos "sou cozinheira", estamos nos definindo por uma profissão. Contudo, se alguém

---

[2] *O evangelho segundo o espiritismo*, capítulo 11, item 8.

acentuar: "você é uma ótima cozinheira", a personalização se evidenciará ainda mais.

Antes, personalizávamo-nos pela profissão. Agora, após o elogio, vamos querer nos personalizar por essa nova informação, ou seja, vamos querer ser mais do que o profissional, mas sim o melhor profissional. Aquilo passa a ser tão importante, que desejamos nos manter naquela posição de destaque e colocamos essa condição como objetivo central da nossa vida.

A consequência disso é, claro, o sofrimento, pois passamos a disputar com outras pessoas.

É correto dizer que a sociedade se impõe por meio de um papel diretivo, formativo e instrucional?

Isso mesmo. Quando temos entendimento de que os valores impostos pela sociedade são bons, nós os vivemos na construção da harmonia social. Na condição de espíritos despertos, todas essas características não serão colocadas de fora para dentro, pois distinguiremos claramente, pela sensibilidade interior, quais são as atitudes corretas, de forma que isso tudo se torne natural.

Dentro da análise que você fez, eu só sou esposo ou esposa na hora que estou na vida de relação, correto? Isso significa que, quando saio dali, eu não sou mais?

Temos fixações em papéis transitórios que nos iludem. Se eu não estou vivendo a experiência no exato momento em que ela acontece, então a estou imaginando, e isso é ficção, pois qualquer coisa que façamos pelo pensamento é ilusão. Logo, se estou aqui nesta sala agora, sem minha esposa, então, nesse momento, não sou esposo. Da mesma forma, se eu me lembrar da minha esposa, isso não me faz ser esposo, pois só o serei quando ela estiver ao meu lado.

Como os novos valores nascerão da sensibilidade do espírito?

Façamos uma analogia: muitas pessoas jogam lixo pela janela do carro e só vão parar de fazer isso quando uma lei for criada proibindo essa ação, punindo-as quando isso acontecer. Contudo, há também as pessoas que carregam uma sacolinha plástica para guardar seu próprio lixo, sem temer a lei ou qualquer relação social.

As pessoas que agem dessa segunda forma têm discernimento da importância desse comportamento para a vida do planeta e, portanto, tem esse potencial desperto no próprio espírito. Para elas, a lei não é necessária.

O que vai determinar o surgimento dos novos prismas para a vida planetária?

Nosso contato com nossa própria natureza.

Jesus é a expressão da essência universal do ser. Logo, se também somos espíritos, por que ainda não nos expressamos dessa mesma forma?

Apesar de sermos também espíritos, ainda não sabemos nos identificar com essa condição, porque nos fixamos em elementos de identificação, os quais não constituem a natureza do espírito. Ao perdermos essas identificações, começaremos a nos aproximar da nossa essência e, por não termos mais valores personalísticos, refletiremos a essência do Criador.

A essência do Criador está no universo?

Sim, por isso a expressão "inteligência" é usada para definir o espírito, princípio inteligente da criação, e Deus, que é a Inteligência suprema do universo.

A inteligência a que nos referimos aqui não se restringe à nossa intelectualidade, que é apenas uma faceta da inteligência maior, mas diz respeito também às muitas outras faces da inteligência espiritual, como amor, arte, comunicação, sensibilidade, entre outras.

Quando unirmos todo esse potencial, encontraremo-nos na condição única de ser.

11

LIBERTE-SE DO QUE LHE DOMINA

"Você está consciente de que está condicionado, ou está consciente apenas do conflito, da luta em vários níveis do seu ser? Certamente, estamos conscientes não de nosso condicionamento, mas apenas do conflito, da dor e do prazer."

J. Krishnamurti.

Krishnamurti para principiantes.

"E assim como dispomos, no córtex, de ligações energéticas da consciência para os serviços do tato, da audição, da visão, do olfato, do gosto, da memória, da fala, da escrita e de automatismos diversos, possuímos no diencéfalo (tálamo e hipotálamo), a se irradiarem para o mesencéfalo, ligações energéticas semelhantes da consciência para os serviços da mesma natureza, com acréscimos de atributos para enriquecimento e sublimação do campo sensorial, como sejam a reflexão, a atenção, a análise, o estudo, a meditação, o discernimento, a memória crítica, a compreensão, as virtudes morais e todas as fixações emotivas que nos sejam particulares."

André Luiz pela psicografia de Chico Xavier.

Evolução em dois mundos.

A mente é dona de nosso mundo íntimo e age como um ser de vida própria, sem se importar conosco.

Para conquistarmos o domínio sobre nós mesmos, é muito importante descobrirmos como a mente funciona, capturando nosso fluxo de pensamentos e de emoções, o qual, como uma rede intrincada, determina nossa forma de ser, de falar, de reagir, e de se comportar. É necessário, portanto, que cada um de nós observe atentamente esse dinamismo íntimo, pois, enquanto a mente determinar quem somos, o efeito natural será o sofrimento.

Nossa formação cultural, nossas experiências e nossos instintos são alguns dos conteúdos de nossa mente que nos fazem responder de forma condicionada a determinados estímulos e conflitos, agindo automática e inconscientemente.

Esses automatismos têm seu valor, pois foram importantes no processo da evolução, garantindo a sobrevivência e o desenvolvimento dos potenciais da mente. Agora, entretanto, somos chamados a verificar de forma clara a ação "morta" que caracteriza um condicionamento no qual não há criatividade, beleza e leveza.

A maioria das pessoas ignora esses condicionamentos, registrando apenas seu efeito quando estes produzem reflexos de prazer ou de desprazer. Somos, por exemplo, inconscientes de nossas defesas psíquicas, que nos distanciam do sofrimento, pois os condicionamentos da mente nos tornam alheios a situações que nos incomodam e mantêm obscuro nosso conhecimento íntimo.

Analisando a forma com que nos relacionamos com objetos, pessoas e circunstâncias, podemos perceber os condicionamentos operando. Vejamos um exemplo: quando estamos em público e alguém nos olha, é natural passarmos as mãos nos cabelos inconscientemente. Esse movimento expressa a nossa satisfação por estarmos sendo notados e a nossa preocupação em nos apresentarmos bem. Se, por acaso, estivermos acompanhados por um(a) namorado(a), que observou nossa atitude, essa pessoa poderá nos inquirir a respeito desse comportamento, questionando se estamos interessados no outro. Nossa reação imediata seria ficarmos assustados, sem entender direito essa desconfiança, pois nem sequer sentimos que ajeitamos o cabelo.

Essa e inúmeras outras situações demonstram nosso automatismo. Para tomarmos as rédeas de nossas vidas, é importante ampliarmos o foco de nossa autopercepção, registrando nossas atitudes ou mudanças de estado no momento em que elas acontecem. Da mesma forma, devemos registrar esse acontecimento em nossas atitudes sem a preocupação com o fato ou com a circunstância que o estimulou, pois somente dessa maneira teremos clareza sobre os pensamentos e emoções que motivam nossa forma de ser.

Quanto mais voltamos nossa atenção para os recursos exteriores, mais cegos ficamos em relação a nós, favorecendo a ação dos condicionamentos, que atuam na sustentação de nossa ignorância. Ao direcionarmos nosso olhar exclusivamente para fora, fortalecemos nossa ideia sobre a exterioridade, e não sobre o que está dentro, e ainda gastamos uma energia que seria essencial para o início do autoentendimento. Somente ao tomarmos consciência de um condicionamento é que poderemos proporcionar o enfraquecimento dessa força repetida.

Somos convidados pela inteligência da vida a dar um salto para um novo patamar da existência, no qual, pelo contato com nossa própria intimidade, conheceremos um novo mundo, uma inovadora maneira de viver além de nossos condicionamentos habituais.

Perguntas e respostas

Quando o uso da mente se torna um problema?

Quando usamos a mente para produzir e dar sustentação a pensamentos e emoções que podem interferir na formação de quem somos.

Ao contrário, enquanto usamos a mente para solucionar desafios da vida, programar atividades, buscar informações necessárias em nossa memória, não há nenhum problema, pois a mente deve atuar justamente como um computador, armazenando e processando as experiências captadas ao longo da vida.

Qual a relação da mente com a beleza e a leveza citadas por você?

Observemos nosso coração, que, em sua dinâmica, bate com leveza, beleza e criatividade sem que tenhamos de ordenar, controlar ou determinar algo. Ele é um instrumento que funciona automaticamente. Já a mente fugiu do perfil natural de sua função e passou a ter domínio sobre nossas ações.

Dessa forma, quando conseguirmos utilizar a mente – e não o contrário –, ela irá cumprir seu papel de forma leve e suave, pois abrirá para nós um leque de opções de comportamento, ações e reações. Uma ação criativa é bela, leve e suave, ao contrário de uma ação condicionada, que é pesada e desagradável.

Qual a relação entre mente e condicionamento?

Mente e condicionamento estão interligados de forma profunda, pois a mente é o lugar onde todos os condicionamentos adquiridos ficam armazenados.

Quando vivemos condicionados, deixamos de usufruir do que fazemos a cada momento, pois existe em nós um alto grau de inconsciência, que surge, provavelmente, porque estamos pensando em outra coisa.

Algumas atividades são realizadas sem que nossa percepção esteja ligada a elas: escovar dentes, dirigir, andar e muitas outras. Nessas horas, não desfrutamos dos benefícios que essas ações podem nos oferecer, pois as fazemos de forma automatizada, sem lhes dar o devido valor.

Nossas defesas estão ligadas a condicionamentos?

Sim. Uma das facetas de nossa inconsciência a respeito daquilo que nos condiciona são nossas defesas psíquicas, as quais nos distanciam do sofrimento.

Um exemplo disso são as pessoas que querem esconder sua magreza e optam, inconscientemente, por vestir roupas mais largas. Essa escolha é feita por nossa mente, por ela não querer se aprofundar na questão do desconforto diante da avaliação alheia. Em vez de investigarmos a causa por trás desse sofrimento, criamos uma defesa, fazendo com que o problema passe despercebido até certo momento.

Nosso grau de inconsciência é tão acentuado?

Infelizmente sim, pois, até esse momento da evolução, fomos preparados para viver em função do que está fora. Até quando estudamos temas ligados à espiritualidade – um dos nossos aspectos mais profundos –, analisamos o espírito com a mente guiada pela fé raciocinada. Contudo, é chegada a hora de nos aproximarmos da natureza de quem somos, tornando nossa sensibilidade mais apurada e, consequentemente, aumentando nosso grau de consciência.

Refletir a respeito do que causou nosso comportamento não faz parte de nosso autoconhecimento?

Não. No processo de autoconhecimento, não usamos a mente, pois seu uso fornece material para sustentação das emoções, dos pensamentos e das lembranças. Como refletir implica o uso da mente, precisamos nos abster dessa atividade, observando e compreendendo o que nos sustenta e nos manipula de forma direta e viva. Só assim poderemos resolver a situação verdadeiramente.

12

ENTRE EM CONTATO COM A NATUREZA DE SEUS CONFLITOS

" 'O que você entende por conflito?' Qualquer tipo de conflito: o conflito entre as nações, entre vários grupos sociais, entre indivíduos e o conflito interior de cada um. O conflito não é inevitável enquanto não houver integração entre o ator e sua ação, entre o desafio e a resposta? O conflito é o nosso problema, não é? Não qualquer conflito em particular, mas o conflito todo: a luta entre ideias, crenças, ideologias, entre os opostos. Se não houvesse conflito não haveria problemas."

J. Krishnamurti.

Krishnamurti para principiantes.

"Possuída pelo espírito da posse exclusivista, a alma acolhe facilmente o desespero e o ciúme, o despeito e a intemperança, que geram a tensão psíquica, da qual se derivam perigosas síndromes na vida orgânica, a se exprimirem na depressão nervosa e no desequilíbrio emotivo, na ulceração e na disfunção celular, para não nos referirmos aos deploráveis sucessos da experiência cotidiana, em que a ausência da humildade comanda o incentivo à loucura, nos mais dolorosos conflitos passionais."

Emmanuel pela psicografia de Chico Xavier.

Pensamento e vida.

Os homens, quase em sua totalidade, conduzem a vida inconscientes quanto ao usufruto das qualidades essenciais do dia a dia. Isso quer dizer que, de uma maneira geral, não apreciamos um belo pôr do Sol, a companhia de um familiar ou de um amigo, o sorriso de uma criança, o valor do alimento que nos sustenta e da água que mata nossa sede, bem como não notamos a manifestação dos sentimentos humanos e de outras infinitas formas de expressão de beleza em nosso existir.

Quando cumprimos a nossa rotina diária pelo simples fazer, acabamos nos envolvendo com inúmeras atividades que ocupam nossa mente e nosso tempo, entrando em um modo de operação automático. Como consequência, escolhemos uma atividade em detrimento de outra, executando, prioritariamente, aquelas que são obrigatórias – em um clima de cumprimento do dever –, a fim de realizar, depois, as atividades que consideramos prazerosas. Com o passar do tempo, criamos uma dualidade entre o que é bom e o que é ruim e, ao mesmo tempo, uma desarmonia íntima que se insinua cada vez mais sem que tenhamos ciência dela.

Estamos tão envolvidos nessa dinâmica que, quando surgem intervalos entre nossas atividades diárias, sentimo-nos perdidos e vivenciamos, não raras as vezes, estados íntimos de mal-estar e inquietude por não conseguirmos ficar a sós conosco e com os conflitos que até então não sabíamos existir. Nessa hora, em vez de procurarmos compreender o que está acontecendo, preferimos nos manter nesse círculo vicioso de atividades que nos distancia de nossas perturbações íntimas, as quais deveríamos ter urgência em investigar. Negamo-nos a enxergar que vivemos nesse universo paralelo, o qual construímos na tentativa de ignorar nossa essência, que clama por um posicionamento diferente. Estamos em conflito e, em vez de buscarmos compreender o processo que nos levou a essa situação, procuramos uma maneira exterior de apaziguar as lutas e os tormentos. Em síntese, apegamo-nos ao trabalho, à diversão e à religião como fuga do conflito que deveria nos colocar em contato conosco. Ainda que essas atitudes possam parecer positivas, elas não nos colocam em contato com nossa essência. Existe, ainda, a possibilidade de fugirmos optando por saídas dolorosas, as quais, momentaneamente, parecem ser soluções vinculadas ao prazer, mas, na verdade, alimentam estruturas psíquicas com aspectos patológicos. É o caso do alívio proporcionado pelo álcool, pelas drogas e por tantas outras falsas saídas que acabam nos conduzindo a um estilo de vida que nos afasta dos problemas e, por conseguinte, de suas soluções.

Se nos conhecêssemos, conseguiríamos ver a função de todos os nossos conflitos em nossa vida e atingiríamos uma harmonia entre o ser e o fazer.

Analisemos a seguinte situação, cotidiana para muitos de nós: acabamos de chegar a um consultório médico e teremos de esperar para sermos atendidos. Se fôssemos mais observadores e sensíveis, veríamos os sinais de impaciência e de incômodo pela demora surgirem, gerando irritação. Se estivéssemos comprometidos com o trabalho de autoconhecimento, facilmente perceberíamos que esses sinais indicam conflitos íntimos, os quais podem tomar uma direção que nos induzirá à fuga. Em vez de focarmos em nós mesmos, preferimos reclamar com a recepcionista sobre o atraso, temos ímpetos de desistir da consulta, pegamos uma revista para ler, jogamos um game no celular ou fazemos outra atividade qualquer que nos distancie do conflito de estarmos irritados com aquela realidade.

Essa é uma clara oportunidade de termos um momento com nosso interior, em auto-observação, concretizando uma qualidade de vida com a qual não estamos acostumados e que gera a compreensão das nossas emoções e dos nossos pensamentos. Se conseguirmos fazer dessa maneira, não desperdiçaremos esse momento com um condicionamento (ligado ao desconforto de ter que esperar) e essa situação de desocupação deixará de ser desconfortável. Dessa forma, abriremos nossa mente para uma realidade maior, ampliando os ângulos infinitos que a vida apresenta e libertando-nos das perturbações que não queremos ter.

Uma mente condicionada identifica-se com tudo que possa dar a ela uma significação a si mesma, aos outros e à sociedade, propiciando a sensação de bem-estar. Um elogio, por exemplo, é um potencial indicativo de bem-estar para nossa vida pessoal, pois nos sentimos vivos, ou seja, é natural que passemos a ter uma forte sensação da nossa existência quando alguém diz que nos ama ou que somos inteligentes, importantes, vitoriosos, e assim por diante. Passamos, então, a necessitar desses estímulos, criando um condicionamento para existir, do qual o outro é a fonte de sustentação.

Se, por um lado, os elogios nos proporcionam prazer de viver, por outro, a crítica age de forma oposta. Por isso, quando nos criticam, sentimos dor e sofrimento e vemos a pessoa que nos criticou como ingrata e inimiga, uma criatura com a qual não gostamos de conviver.

O movimento de fuga das experiências abre portas para nosso sofrimento, pois nos impede de investigar nossa intimidade e de registrarmos se estamos com algum problema. Se agirmos de maneira diferente, entrando em contato com a natureza de nossos conflitos, nossa mente se tornará, paulatinamente, mais tranquila e silenciosa.

No momento em que vivemos a serenidade, o passo seguinte a ser dado é nos perguntarmos: "Quanto tempo seria capaz de passar nesse estado de espírito?". Se a resposta for "Gostaria de ficar assim para sempre", teremos um indício de que estamos bem com nossa situação íntima. Dessa maneira, assistir a um filme, escutar uma música, trabalhar, divertirmo-nos ou dedicar nosso tempo e disposição a qualquer atividade terão sua própria beleza e deixarão de ser um escape para nossos conflitos.

Cada coisa em nossa vida tem sua razão de ser e só poderemos descobri-la se estivermos em contato conosco. Por meio da compreensão, viveremos em um novo modo de ser, pois é ela o princípio da sabedoria que se desenvolve por meio do autoconhecimento.

Perguntas e respostas

A maioria de nossas atividades é feita pela obrigação. De que maneira isso poderia ser diferente?

Tudo depende da forma como lidamos com as diversas situações. Ao realizar uma atividade qualquer, mesmo que por obrigação, podemos optar por fazê-la pensando: "Eu tenho de fazer" ou "Eu aceito essa circunstância e entro em contato com minha inteligência para viver esse momento.". O que vai influenciar essa decisão é a nossa capacidade de estar conosco, porque, quanto mais sintonizados com nossa intimidade, mais conseguimos render.

Um exemplo prático disso é quando estamos em uma fila do banco e a espera está muito grande. Nesse caso, podemos agir de duas formas: a primeira é ficarmos inquietos, remoendo o fato de que existem poucas pessoas para atender muitas; a segunda é estar bem em nossa própria companhia, registrando o que acontece conosco a cada momento. Se escolhemos esta em detrimento daquela, alcançaremos, pelo menos em parte, nossa serenidade.

Para nos sentirmos bem conosco, temos de estar em constante auto-observação ou podemos praticar esse exercício apenas durante determinado tempo?

A auto-observação deve ser contínua, o que não significa, entretanto, que a estaremos realizando a todo momento. Quando nos questionamos a respeito de nosso estado de serenidade e encontramos como resposta "Gostaria de ficar assim para sempre", esse é apenas um indicativo de que estamos no caminho certo, de que estamos bem com a nossa condição íntima.

O que são as fugas de nossas perturbações?

Atualmente, não conseguimos perceber nosso fluxo de perturbação interna nem mesmo quando não estamos fazendo nada (por exemplo, quando esperamos para sermos atendidos em um consultório, em um departamento público, em uma fila de banco ou mesmo quando esperamos um semáforo abrir para que sigamos nosso caminho). Nessas situações, a primeira coisa que pensamos é: "O que vou fazer agora?".

Então, pegamos o celular, procuramos uma televisão ou uma revista, iniciamos uma conversa com quem está ao nosso lado, tudo isso para nos distrair. Essas atitudes refletem uma fuga para não enxergarmos nossa demanda interna, impossibilitando, portanto, a solução de nossas perturbações.

Deveríamos entender que esses momentos não significam que estamos sozinhos ou que não temos nada para fazer. Ao contrário, dentro da perspectiva do autoconhecimento, esses momentos são a perfeita ocasião de estarmos conosco, em um encontro com nosso íntimo.

Observamos, atualmente, que muitas pessoas desenvolveram uma relação de dependência com seus aparelhos celulares. Por isso, possuem certa ansiedade quando esquecem seus celulares em algum lugar. Isso demonstra algum tipo de condicionamento?

Sim. As pessoas ficam ansiosas porque, naqueles momentos, têm de pensar em outra coisa para fazer, buscando uma saída para não precisarem ficar interiormente consigo mesmas.

Devemos destacar aqui um ponto importante: ficar parado por muito tempo, alimentando pensamentos é inutilidade, mas ficar parado em companhia de si mesmo, observando a realidade da vida interior, é trabalho espiritual.

Se agirmos da segunda maneira, estaremos começando a trabalhar como Deus, na essência sustentadora da vida. Lembramo-nos, nessa hora, da fala de Jesus: "Meu Pai trabalha até hoje, e eu trabalho também.".[1]

[1] João 5:17.

13

OS PERIGOS DE DESPERTAR

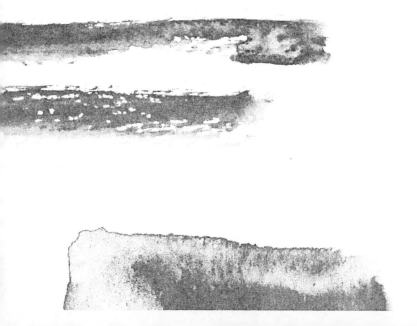

"À virtude assim compreendida e praticada é que vos convido, meus filhos; a essa virtude verdadeiramente cristã e verdadeiramente espírita é que vos concito a consagrar-vos. Afastai, porém, de vossos corações tudo o que seja orgulho, vaidade, amor-próprio, que sempre desadornam as mais belas qualidades. Não imiteis o homem que se apresenta como modelo e trombeteia, ele próprio, suas qualidades a todos os ouvidos complacentes. A virtude que assim se ostenta esconde muitas vezes uma imensidade de pequenas torpezas e de odiosas covardias."

Allan Kardec.

O evangelho segundo o espiritismo, capítulo 17.

"Afinal de contas, viver é mais importante do que qualquer ideia, ideal, objetivo ou princípio. É por não sabermos o que é viver que inventamos estes conceitos visionários, não realísticos, que oferecem modos de fuga. A questão real é: pode-se encontrar a iluminação no viver, nas atividades diárias da vida ou isto é apenas para poucos que são dotados de alguma capacidade extraordinária para descobrir essa beatitude? Iluminação significa ser uma luz para si mesmo, mas uma luz que não é autoprojetada ou imaginada, que não é idiossincrasia pessoal. Afinal de contas, isso tem sido sempre o ensinamento da verdadeira religião, embora não o da crença organizada e do medo."

J. Krishnamurti.

Krishnamurti para principiantes.

Nesse ponto, já sabemos que a consciência é a chave de libertação de todos os nossos problemas e que, por outro lado, a inconsciência é a razão de nosso aprisionamento, pois atua no fortalecimento do ego, sustentando e multiplicando as forças que querem nos impedir de sair do alheamento.

Tendo isso em mente, compreendamos o perigo de despertar.

Algumas deficiências podem fazer com que corrompamos a riqueza de nossa auto-observação. Dentre elas, destacamos as duas principais.

A primeira consiste em transformar, por meio da valorização pessoal, o trabalho de autoconhecimento em um estímulo à nossa vaidade, agindo como se fôssemos mais elevados por estarmos nesse processo. Para não cairmos nessa armadilha, precisamos compreender que o despertar da autopercepção não nos torna melhores. Sentirmo-nos dessa forma é apenas uma insinuação da mente, a qual devemos notar para nos desvencilharmos prontamente desse entendimento equivocado.

A segunda deficiência também decorre da vaidade, pois, quando estamos no processo de autoconhecimento e nos deparamos com nossas mazelas e defeitos, muitas vezes temos a sensação de que estamos retrocedendo ou que o autoconhecimento não está funcionando. Nesse caso, devemos nos conscientizar de que esse não é um mecanismo de adaptação para conquistarmos uma virtude, mas apenas um estado de alerta, que surgirá cada vez mais continuamente.

Dentro desse propósito de crescimento espiritual, ao percebermos essas deficiências, é comum que nos justifiquemos com frases do tipo "Ah, sou desse jeito mesmo!" ou que nos defendamos, afirmando "Isso não vai acontecer comigo". Nossas defesas diante das próprias imperfeições e também nossa valorização pessoal são aspectos que se assemelham à serpente, figura utilizada desde a Antiguidade para simbolizar comportamentos astutos, rasteiros e manipuladores. Devemos, portanto, para enfraquecer essas energias em sua movimentação sutil e ardilosa, notar essas reações, reconhecendo os perigos gerados pelo autoconhecimento.

Deus é fonte criadora e não precisa de reconhecimento para ser quem é. Nós, como seres pertencentes a esse fluxo da criação, ou seja, como centros ativos de produção de pensamento, emoções e ações, devemos despertar para essa mesma condição. Se o universo não se engrandece personalisticamente refletindo o próprio Criador, também não precisamos desse recurso para sermos respeitados e aceitos.

Tenhamos cuidado para não criar uma luta entre o que somos e o que queremos ser. Nessa condição, quando acertamos, sentimos satisfação, mas, quando erramos, sentimos culpa. Isso ocorre por tentarmos adequar o que somos agora ao ideal espiritual que buscamos, criando um autojulgamento quando não conseguimos realizar essas idealizações.

Na dinâmica do autoconhecimento, esse aspecto se torna superficial e também perigoso, pois, quando despertamos para esse estado de alerta vivo, surge os questionamentos: "Será que estou evoluindo de fato no autoconhecimento?", "Acho que não estou andando ou crescendo", "Voltei aos mesmos erros, isso não está adiantando", e assim por diante. O despertar não pode alimentar em nós esses questionamentos, pois não estudamos nosso íntimo para atingirmos algum status especial, e sim para entrarmos em contato conosco, gerando uma transformação contínua.

Descobrindo quem somos - ser ou espírito -, campo de criação e de manifestação das forças da vida, caminhamos para o despertar de nossa consciência e de nossa felicidade.

Perguntas e respostas

Qual a semelhança entre a serpente e nossas condutas?

Do mesmo modo que a serpente é ardilosa e manipuladora, nossas condutas de defesa e de autovalorização também o são, pois estas nos prejudicam a enxergar com clareza nossa intimidade, sendo poderosos agentes de perturbação. Vivenciei uma situação que exemplifica bem esse perigo: fui convidado a palestrar em um centro que comemorava a Semana Espírita. Ao chegar à entrada do salão, deparei-me com um cartaz, no qual se encontravam os nomes dos expositores. No entanto, meu nome não estava lá. Apesar de ter uma razão muito simples para que meu nome não estivesse no cartaz (eu só palestraria no período da tarde), imediatamente minha insinuação interna apontou: "Por que meu nome não apareceu?". Nesse caso, se eu não percebesse essa armadilha no exato momento em que ela ocorreu, ou seja, se não estivesse em estado de alerta e vigilância, eu poderia alimentar uma atitude de revolta, de quem tem o orgulho ferido, e pensado: "Nossa, não volto nesse centro nunca mais!". Entretanto, usando o autoconhecimento, constatei a insinuação de minha mente e procurei me tranquilizar em relação ao ocorrido.

O que está por trás dos perigos do autoconhecimento?

A causa maior tanto de nossa tendência à valorização pessoal quanto do orgulho é a necessidade de identificação, de sermos "alguém", mas não somente um alguém qualquer, e sim um "alguém especial", que, depois, possa ser "único".

No dia em que não desejarmos mais isso e resgatarmos nossa natural expressão de existir, refletiremos, de alguma forma, a Natureza Divina, que não aparece como alguém, não se diz especial nem única, mas que é isso tudo , sem precisar ser.

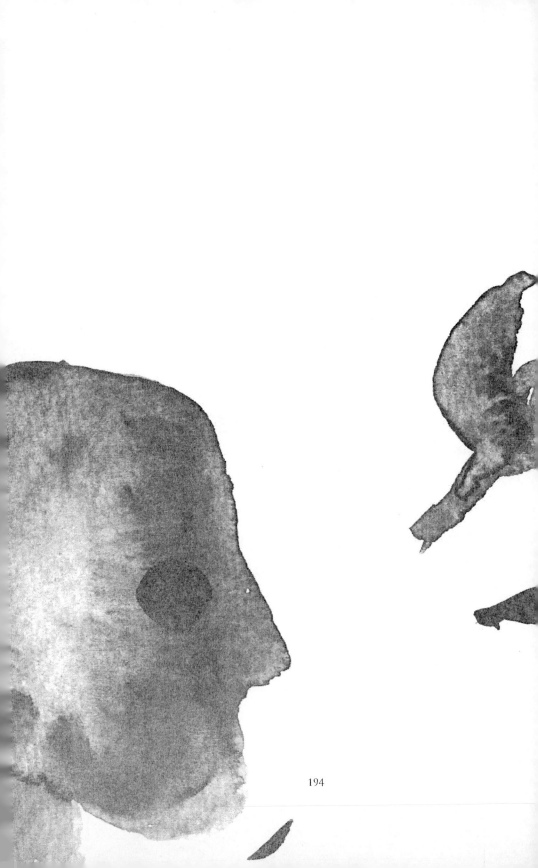

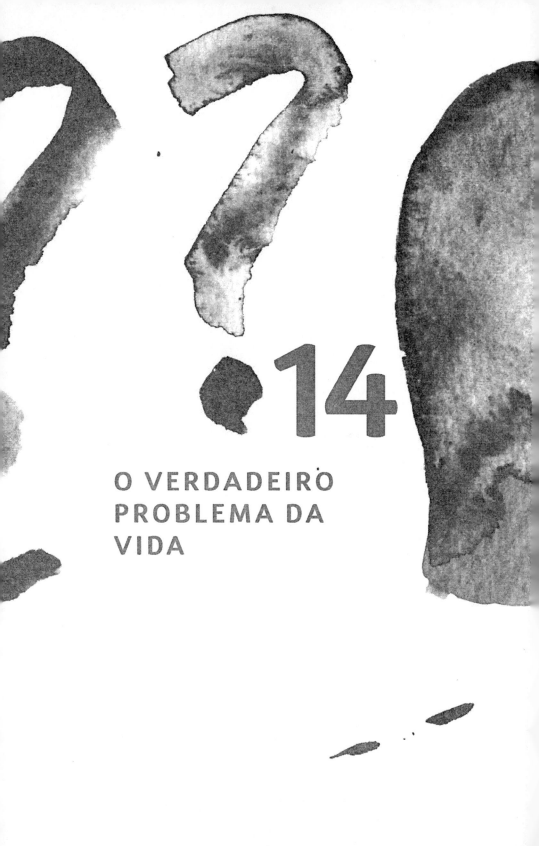

14
O VERDADEIRO
PROBLEMA DA
VIDA

"Enquanto [...] estivermos inconscientes espiritualmente, o sofrimento será inevitável. Refiro-me, aqui, ao sofrimento emocional, que é também a causa principal do sofrimento físico e da doença. O ressentimento, o ódio, a autopiedade, a culpa, a raiva, a depressão, o ciúme e até mesmo uma leve irritação são formas de sofrimento. E qualquer prazer ou forte emoção contém em si a semente do sofrimento."

Eckhart Tolle.

O poder do agora.

"– Antônio Olímpio – concordou o dirigente da casa – vivera para si, entregue a desvairada egolatria. Não conhecera senão as suas conveniências. Conservara no mundo o dinheiro e o tempo, sem benefícios para ninguém que não fosse ele próprio. Isolara-se em prazeres perniciosos e, por isso, não trouxera ao campo espiritual a gratidão alheia funcionando em seu favor, porquanto, em matéria de apoio afetivo, dispunha somente da simpatia a nascer no quadro diminuto em que se lhe encerrava o estreito mundo familiar."

André Luiz pela psicografia de Chico Xavier.

Ação e reação

Normalmente, acreditamos que a causa dos nossos problemas está fora de nós, pois não fomos preparados para entender que a razão de tudo o que vivemos está em nossa intimidade, em nossas reações às circunstâncias exteriores.

Por exemplo: quando notamos que alguém está nos olhando, podemos sentir certo constrangimento por acharmos que essa pessoa nos julga, o que nos leva ao sofrimento por avaliarmos, muitas vezes erroneamente, o olhar da outra pessoa. Dessa forma, reagimos com emoções automáticas, criando o aspecto problemático da situação e dando ao outro o poder – que ele naturalmente não possui – de criar problemas para nossa vida.

Efetivamente, é a nossa incapacidade de ver e de sentir de forma profunda que distorce a realidade dos fatos, pois não percebemos que o fundo emocional que interpreta essas ocorrências nasce do medo. Este, que tem sido base de nossos relacionamentos, cria desconfiança, fazendo-nos considerar o outro como um estranho, um inimigo.

Mal sabemos que olhamos o outro com base naquilo que somos, de maneira que a forma como pensamos, sentimos e agimos projeta-se no mundo, que é passivo e funciona a partir de nossas forças vivas. Atraímos para nós, portanto, aquilo que criamos essencialmente: a ignorância própria alimenta a ignorância no mundo, gerando confusão, conflito e a dor.

Para conduzirmos nossa vida, é necessário deslocarmos para nós mesmos o foco de poder. Afinal, quando estamos conscientes, não nos importa se o outro ri de nós ou nos julga, já que a ideia que ele tem não passa de uma simples opinião.

Dessa maneira, nosso verdadeiro problema é um só: nossa inconsciência a respeito de nós mesmos em cada circunstância da vida.

É normal que, ao atuarem, os agentes externos gerem certa pressão. Contudo, é necessário que, nessas situações, sejamos conscientes e analisemos se aquela pressão é um desafio de crescimento ou um problema. Nessa hora, devemos encará-la com inteligência, e não com nossas emoções, transformando experiências em conflitos.

Não adianta viver cegamente, repetindo procedimentos distorcidos de defesa, como a utilização da máxima "Devo perdoar setenta vezes sete.", achando que, dessa forma, estaremos perdoando de modo autêntico. O perdão exige profundo conhecimento de nossas mágoas e do conceito que temos de nós, o qual é formado pela investigação mais detalhada de nossas reações.

Procuremos registrar o que sentimos e o que pensamos diante desses desafios, que são estímulos para o despertar do potencial adormecido de inteligência espiritual. Para assumirmos o poder de nossas vidas, é imprescindível captarmos a fonte de energias que nascem em nós e sua ligação com pensamentos e hábitos, reações e comportamentos. Para isso, procuremos encarar nossas reações emocionais no mesmo instante em que elas acontecem, pois é a ignorância dessas reações que transformam mesmo as mais simples experiências em problemas e conflitos.

A beleza do autoconhecimento está na percepção viva dos fatos. Somente quando percebermos com clareza a ilusão que ronda nossa vida é que poderá surgir uma nova compreensão, acompanhada de uma nova inteligência. Desenvolvamos, portanto, essa visão a cada oportunidade presente - único campo real de acontecimentos - e, nesse ato de assimilação do momento vivo de cada coisa, apreciaremos a vivacidade do que somos.

Perguntas e respostas

Por que reagir aos desafios da vida com emoções é criar problemas?

Nossas emoções nada mais são do que instintos, recursos adquiridos no reino animal. Utilizando-os, estamos reagindo de maneira a garantir apenas nossa sobrevivência. Já se usarmos a inteligência e a criatividade, estaremos lidando com desafios de crescimento e não com problemas.

O que significa avaliarmos erroneamente o olhar das pessoas a nosso respeito?

O erro reside em reagir de forma emocional às informações fornecidas sobre determinado julgamento, distorcendo a realidade daquilo que de fato está acontecendo. Quando alguém nos olha e presumimos que essa pessoa está nos julgando, sendo levados ao sofrimento, reagimos sem estarmos conscientes da realidade daquela vivência e acabamos nos ocupando com uma falsa defesa.

Como é possível ouvir uma crítica e não reagir a ela?

Para que consigamos, pouco a pouco, essa façanha, devemos focar em nossas reações emocionais diante da situação, e não na crítica ou em seu autor. Se conseguirmos deslocar nosso foco para a emoção perturbadora e não a fortalecermos com pensamentos, palavras e ações, ela sairá em forma de pura energia. Repetindo essa dinâmica, conseguiremos esvaziar o núcleo que sustenta nossas reações emocionais.

Se alguém nos diz: "Nossa, você está com tudo!", devemos considerar isso também como um julgamento?

Sim. E do mesmo modo que aqueles julgamentos são considerados negativos, pois podem nos causar reações perturbadoras, este também é perturbador, pois pode sustentar nossa vaidade.

Por que repetir a máxima "Perdoar setenta vezes sete" é um processo distorcido de defesa?

Não vivenciamos o verdadeiro perdão pelo simples fato de dizermos que estamos perdoando. Se fizermos dessa maneira, estaremos falseando nossa defesa, pois estamos nos colocando em uma situação irreal. Logo, não adianta repetirmos superficialmente a fala de Jesus, pois se o perdão não passar pela compreensão de quem nos ofende, da intenção da ofensa, da mágoa que ela gerou e do aprendizado que ela proporciona, não teremos verdadeiramente perdoado.

Então, Jesus também estava distorcendo a verdade?

Quem distorce a verdade somos nós, quando usamos essa fala como um chavão de liberdade. Jesus, no momento em que nos sugeriu esse comportamento, estava agindo em conformidade com seu íntimo, perdoando-nos quantas vezes fossem necessárias.

O que é a percepção viva?

A percepção viva constitui-se em observarmos nossas emoções e pensamentos no momento em que eles acontecem, pois só conseguimos estudar nossas emoções quando as estamos sentindo.

Por exemplo, ao sentirmos raiva, devemos estudá-la no exato momento em que essa emoção se manifesta. Em um momento inicial desse estudo, só veremos a nuance do estado em que nos encontramos. Começaremos, então, a investigar mais profundamente a origem de nossa raiva e constataremos, a seguir, que ela surge para defender nosso ego.

Quando nos propomos a enxergar de uma maneira mais ampla, começamos a nos questionar: "Eu preciso defender minha imagem?" e, por conseguinte, "Eu preciso sentir raiva?". Então, a situação vai ficando mais clara e, dessa forma, resolvemos um problema.

O autoconhecimento é exatamente o registro do fenômeno vivo, no momento presente, que nos ajuda imensamente na autopercepção e na resolução de conflitos, para os quais antes dávamos justificativas externas.

15

O ESPELHO QUE VOCÊ PRECISA PARA SE CONHECER

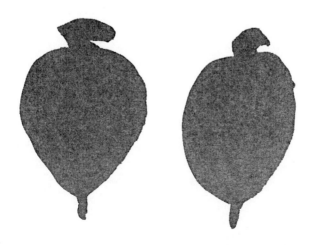

"Penso que compreender a totalidade da mente é, com efeito, a coisa mais importante da vida. E só se podem observar as operações da mente, nas relações, uma vez que nada pode existir em isolamento. Só existimos em relação; e as relações são o espelho em que se observam as atividades mentais."

J. Krishnamurti.

Da solidão à plenitude humana.

"A mente é o espelho da vida em toda parte. Erguese na Terra para Deus, sob a égide do Cristo, à feição do diamante bruto, que, arrancado ao ventre obscuro do solo, avança com a orientação do lapidário, para a magnificência da luz. Nos seres primitivos, aparece sob a ganga do instinto, nas almas humanas, surge entre as ilusões que salteiam a inteligência e revela-se nos espíritos aperfeiçoados por brilhante precioso a retratar a glória divina."

Emmanuel pela psicografia de Chico Xavier.

Pensamento e vida.

A vida é cheia de desafios de crescimento, os quais provocam sofrimentos e nos acompanham sempre, independentemente da prosperidade material e tecnológica que conquistamos. Nessa perspectiva, há caos e contradições, conflitos e dores com os quais não sabemos lidar. Para fugirmos deles, buscamos caminhos alternativos que nos afastam da superação. Surgem, assim, as falsas soluções em busca de superação, como o consumo de álcool e de drogas, a procura por diversões nocivas, os relacionamentos problemáticos ou mesmo a troca de religiões, de filosofias, de orientadores, etc.

Apesar de não parecer, por meio desses movimentos de troca, procuramos fugir de nossos conflitos, a fim de nos sentirmos seguros e sem medo. Agimos sem uma compreensão e uma visão clara do que nos ocorre. Se, na infância espiritual, esse recurso é uma forma de segurança, para aqueles que já se abriram ao autoconhecimento, a fuga já não é mais uma necessidade.

O espelho no qual poderemos ver refletido nosso autoconhecimento são nossos relacionamentos. Por isso, faz-se necessário estarmos atentos a eles, respeitando as condições de cada um, sem que isso implique deixar de agir no nosso despertamento.

A maioria de nós acredita que os relacionamentos são baseados no amor, mas, se os investigarmos com maior profundidade, veremos que o amor não é base dessa dinâmica. Buscamos, na verdade, retornos afetivos, valorização pessoal, ascendência sobre as pessoas que são nossos afetos e controle sobre as atitudes alheias, proporcionando-nos uma falsa sensação de respeito com nosso modo superficial de agir. Por fim, queremos muito mais ser amados do que amar, de modo que, em vez de pensarmos no todo, praticamente só pensamos em nós. Buscamos referências sobre o que fazer para nos relacionar bem, tentando padronizar nosso comportamento pelas informações que superficializam nosso jeito de ser. Dessa forma, vivemos automaticamente conforme o figurino, como se o amor fosse uma conquista que pode ser adaptada por nós, e não uma consequência da criatividade e da espontaneidade, características essenciais do nosso ser.

Procuremos vislumbrar, nos relacionamentos, os momentos em que estamos usando a superficialidade adquirida e aqueles em que de fato sentimos a verdade sobre nós e sobre o outro, em um encontro de ser com ser. O desafio é estarmos em contato com nossa intimidade e aprendermos sobre quem somos, descobrindo, nesse processo, também quem o outro é.

Nesse contexto, para desenvolver nosso autoconhecimento, precisamos:

• identificar nossas emoções sem negá-las ou julgá-las;

• conscientizar-nos de nossa mente pela auto-observação constante;

• impedir que as forças dos nossos condicionamentos nos dominem, determinando nossos pensamentos e comportamentos;

• deixar nossas emoções escoarem naturalmente até se esgotarem, sem reagirmos contra elas e sem alimentá-las;

• vivenciar esse processo sem cobranças;

• evitar nos nutrirmos de expectativas de conquistas imediatas;

- não alimentar a necessidade de saber pela qual sentimos nossas emoções;

- impossibilitar que esse movimento de estudo íntimo seja desgastante, tornando-o, sim, com o passar do tempo, natural e espontâneo.

Dessa maneira, despertaremos nossa consciência, sentindo a orientação de Jesus para "não resistir ao mal"[1].

Não sermos comandados por essas energias em nossos relacionamentos favorece o despertar do autodomínio e da compreensão de que há semelhanças entre nós e os outros. Com essa compreensão do outro por meio da nossa percepção, veremos o amor nascer em sua vertente, surgindo espontaneamente o respeito por nossos semelhantes. Viveremos, portanto, a proposta do Cristo: "[...] Amarás o teu próximo como a ti mesmo.".[2]

---

[1] Mateus 5:39.   [2] Marcos 12:31.

Perguntas e respostas

Por que trocar uma religião por outra, em busca de amparo, é uma solução falsa?

A religião parece ser uma solução, mas é apenas um apoio que nos proporciona esperança e tranquilidade. Os conflitos só serão solucionados quando os investigarmos na realidade viva e profunda de cada um. Dessa maneira, nenhuma religião, filosofia ou orientador poderá fazer isso por nós.

Uma das premissas para o despertar é nossa independência de referências de autoridade, como religiões ou mestres. Isso porque a autoridade deve vir de nós mesmos, sendo este o referencial mais importante. Definitivamente, não podemos mais nos escorar na autoridade do outro, nem de Jesus nem de religião nenhuma.

Como deixar de criticar ou julgar os outros e criar uma nova perspectiva amorosa de agir?

A criação da amorosidade em nossas ações é uma consequência de um processo regido pela criatividade e pela espontaneidade. Por isso, devemos nos preocupar em preparar o campo para que essa amorosidade possa emergir. Por exemplo, em vez de falarmos "Fulano é desequilibrado", paremos um pouco antes da verbalização, não aceitando as sugestões mentais de falas baseadas em referências antigas, e vamos nos abrir para que sentimentos amorosos nos inspirem na formação de uma nova maneira de nos expressar.

16

A EDUCAÇÃO A PARTIR DE VOCÊ

"A educação convencional torna o pensamento independente extremamente difícil. Conformidade leva à mediocridade. Ser diferente do grupo ou resistir ao meio ambiente não é fácil e muitas vezes é arriscado [...]."

J. Krishnamurti.

A educação e o significado da vida.

"Mas a educação, com o cultivo da inteligência e com o aperfeiçoamento do campo íntimo, em exaltação de conhecimento e bondade, saber e virtude, não será conseguida tão-só à força de instrução, que se imponha de fora para dentro, mas sim com a consciente adesão da vontade que, em se consagrando ao bem por si própria, sem constrangimento de qualquer natureza, pode libertar e polir o coração, nele plasmando a face cristalina da alma, capaz de refletir a vida gloriosa e transformar, consequentemente, o cérebro em preciosa usina de energia superior, projetando reflexos de beleza e sublimação."

Emmanuel pela psicografia de Chico Xavier.

Pensamento e vida.

A educação é um dos maiores desafios da humanidade. Até este momento, temos nos educado de fora para dentro, pela aquisição de conhecimentos e de experiências vivas que garantem a sobrevivência e o crescimento pessoal. Como consequência, apresentamos fineza no trato social, mas, fora desse contexto, expressamos perturbações que evidenciam nossas limitações e dificuldades. Verificamos, então, que não alcançamos a educação em sua essência, mas que estamos submetidos a um conjunto de regras e de valores que determinam a convivência social.

Para alterarmos essa situação, precisamos ver que, hoje, o medo atua como condicionador de tudo: temos medo de não ter sucesso no trabalho, de não sermos felizes em nossos relacionamentos, de não conseguirmos um estudo de qualidade, de não sermos aceitos pelos outros, etc. Por isso, estamos deslocando para fora o nosso objetivo de realização e de felicidade e criando um distanciamento daquilo que é essencial para nos educar.

Quando trabalhamos com base em objetivos de realizações exteriores, é comum, em nome da superação, valorizarmos sentimentos e atitudes nocivas. A saber:

- a conquista da estima pessoal distorcida;

- a ânsia do bem-estar e da sobrevivência a qualquer custo;

- a adaptação aos valores de exploração, consumismo e condicionamentos sociais;

- a fuga das lutas impostas pelos nossos relacionamentos;

- a utilização das exigências e das cobranças como forma de controle;

- o sentimento de inveja como fator de estímulo para o sucesso pessoal.

Citamos, aqui, apenas algumas das possibilidades de atitudes nocivas, as quais consomem nossas energias e nos afastam do contato com o que é essencial: nossa natureza íntima. Aprisionamo-nos ao mundo exterior, construindo nossos próprios problemas. Passamos a ter, como prioridades, a técnica, a inteligência informativa e uma conotação de perspicácia e astúcia, a partir da qual o mais esperto sai na frente, sem se preocupar com o todo. Essa educação é direcionada para criarmos personalidades, e não seres.

A educação formal tem sua importância no contexto da lei de progresso, sendo baseada na educação infantil, período de nossas vidas que consiste no mais importante pilar desse processo. Cabe, então, a cada um de nós o preparo necessário para a construção de uma base educacional primorosa.

O estágio humano oferece ao espírito enorme potencial para despertar e desenvolver o raciocínio lógico, os talentos das artes, o corpo e seus movimentos em todas as suas formas de expressão, entre tantos outros aspectos.

Estamos diante de um novo tempo, no qual é imprescindível que estejamos conscientes de que o autoconhecimento é o princípio fundamental da legítima educação humana. Alcançando esse patamar, poderemos atuar com sucesso na educação formal, pois, assim, conectando-nos à natureza interior, conseguiremos despertar, também na criança, essa capacidade de se autoperceber.

Iniciaremos nosso processo de autoeducação na mudança de foco, que antes estava direcionado para fora e, agora, deve se voltar para dentro.

Fiquemos atentos, portanto, ao fato de que aquilo que acontece por dentro é acionado pelo reflexo do que está fora, em integração e sintonia perfeitas, despertando em nós uma sensibilidade ampla. Essa é a instrução para conseguirmos os recursos essenciais que, com nosso aperfeiçoamento, farão de nós agentes da verdadeira educação.

Perguntas e respostas

Como refletimos por dentro o que está por fora?

Vejamos um exemplo: quando estamos com raiva, ela é uma emoção viva, tal como o movimento que a provocou. Para compreendermos o conjunto todo, temos de considerar, ao mesmo tempo, essas duas ocorrências.

Com base na educação que tivemos, só levávamos em consideração a causa externa da raiva. Já com essa nova proposta, iremos ampliar nossa sensibilidade para captarmos todas as nuances dessa experiência, abrangendo, também, aquilo que a raiva desperta em nosso interior.

Não podemos ser sensíveis só ao que está acontecendo por fora, mas devemos, sim, ver o que está acontecendo em nossa intimidade, observando esses dois fatores ao mesmo tempo.

Essa experiência amplia nossa sensibilidade?

Sim, e quanto maior for a nossa sensibilidade, maior será nossa descoberta acerca das nuances da vida.

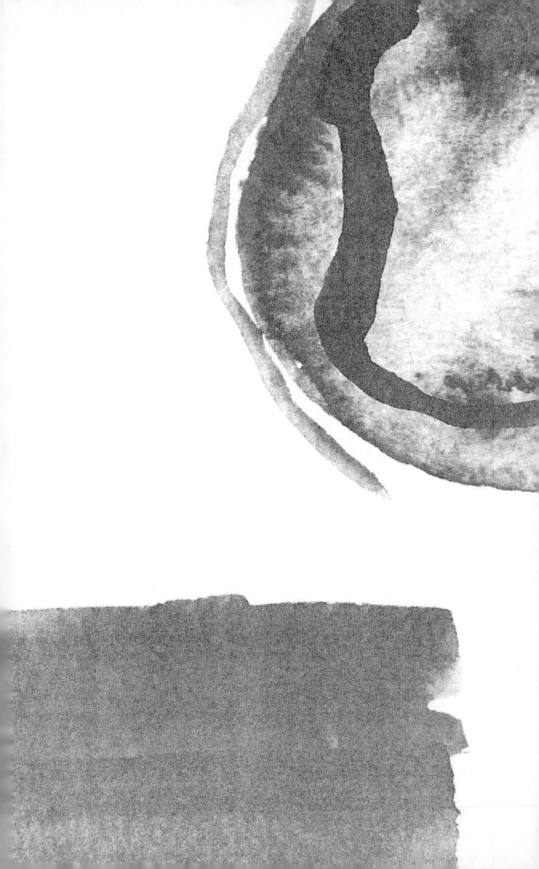

17

O LUGAR MAIS IMPORTANTE DA VIDA

"Seu verdadeiro eu – que é seu espírito, sua alma – está livre dessas coisas. É imune à crítica. Não teme desafios. Não se sente inferior a ninguém. Mas também é humilde. Não se sente superior, porque reconhece que todas as pessoas representam o mesmo eu, o mesmo espírito com diferentes faces. Essa é a diferença essencial entre autorreferência e objeto-referência. Na autorreferência, você experimenta seu verdadeiro eu, que não teme desafios, respeita as pessoas e não sente inferior a ninguém. O autopoder é o verdadeiro poder."

Deepak Chopra.

As sete leis espirituais do sucesso.

"Cada consciência bafejada pelo sol da razão será interpretada, assim, à conta de raio na esfera da vida, evolvendo da superfície para o centro, competindo-lhe a obrigação de respeitar e promover, facilitar e nutrir o bem comum, atitude espontânea que lhe valerá o auxílio natural de todos os que lhe recolhem a simpatia e a cooperação. Com semelhante atitude, cada espírito plasma os reflexos de si mesmo, por onde passa, abrindo-se aos reflexos das mentes mais elevadas que o impulsionam à contemplação de mais vastos horizontes do progresso e à adequada assimilação de mais altos valores da vida."

Emmanuel pela psicografia de Chico Xavier.

Pensamento e vida.

Somos todos essência divina e, pela memória, arquivamos experiências que determinam superficialmente quem somos. Acrescentamos a esse fato a atuação de uma educação formal, iniciada com a educação familiar, que é o primeiro estímulo para a construção dos nossos referenciais de identificação e felicidade. Nessa primeira escola, os pais, sem recursos para fazer diferente, geralmente não favorecem o desenvolvimento de um olhar com base no que somos essencialmente. Logo, as nossas referências de identificação e felicidade são baseadas na vida exterior, e não em nós mesmos.

Em nossa vivência atual, pouco a pouco, a exterioridade vai se sobrepondo à natureza mais profunda de nosso ser, distanciando-nos cada vez mais de quem somos em essência. Para fazermos o caminho contrário, de volta para nós mesmos, precisamos nos conectar ao nosso espírito, utilizando, para isso, um terceiro aspecto muito importante de nosso ser: a criação.

Além de assimiladores e fixadores, somos também criadores, produtores ininterruptos de tudo o que faz parte da vida, e é nessa perspectiva que podemos nos perceber como espíritos. Só teremos posse do potencial criativo, que está além das experiências adquiridas, quando estivermos em contato direto com quem somos, preparando-nos para uma conexão profunda com nosso espírito, o qual não pode ser definido, mas precisa, sim, ser percebido.

Fazendo isso, poderemos afirmar que somos aquilo que desenvolvemos, e não o que adquirimos. Por exemplo, só nos encontraremos completamente serenos quando deixarmos de sentir a raiva, a irritação, a impaciência e todas as outras emoções que impedem a manifestação da serenidade.

Dessa forma, para desenvolvermos esse estado de calmaria interior, teremos de enxergar essas emoções atuando em nós e, nesse momento, não poderemos nos deixar ser envolvidos por elas. Finalmente, pela não alimentação dessas emoções, a serenidade emergirá e, da mesma forma, as demais virtudes também serão desenvolvidas.

Troquemos as referências baseadas em experiências exteriores pela autorreferência, a qual valoriza nossa intimidade e é desenvolvida por meio do autoconhecimento. Mantendo-nos nesse desenvolvimento de consciência, passaremos gradativamente a nos localizar em nosso campo mais profundo, encontrando o reino íntimo dos céus, o qual Jesus nos convida a achar. Esse reino é descoberto dentro de cada um e é o lugar mais importante da vida.

Perguntas e respostas

As emoções que formam nosso fundo de influência podem impedir nosso autoconhecimento?

Sim. Grande parte das vezes, nosso fundo de influência age de maneira a nos condicionar, de forma que continuemos com os mesmos comportamentos, não abrindo espaço para a mudança necessária ao desenvolvimento de um novo olhar.

Qual a diferença entre a autorreferência e as referências adquiridas?

Com as referências adquiridas, temos contato diariamente. Elas são frutos do mundo exterior e as conhecemos por meio de frases como: "Você é muito esperto.", "Você não é um menino bom.", "Você é uma excelente cozinheira.", "Você é um bom profissional.", etc.

Já a autorreferência surge dos valores que nascem do nosso ser a cada experiência, quando agimos e reagimos utilizando criativamente recursos de uma inteligência nova.

Como é possível deixar de alimentar a raiva quando já a estamos sentindo?

No início, é difícil, porque estamos condicionados a manifestar a raiva como se ela fosse parte do nosso ser. No entanto, à medida que passamos a observá-la, sem a alimentar com atitudes, pensamentos e palavras, começamos a nos libertar dela, mesmo estando sob sua influência. O mesmo acontece com outras emoções: quanto mais as compreendermos, menos poder elas terão sobre nós.

18
A ÚNICA REALIDADE

"A primeira lei espiritual do sucesso é a lei da potencialidade pura. Essa lei baseia-se no fato de sermos, no nosso estado essencial, consciência pura. A consciência pura é potencialidade pura; trata-se de nossa essência espiritual. É o campo de todas as possibilidades e da criatividade infinita. Ser infinito e ilimitado é pura satisfação. Outros atributos da conscientização são o silêncio infinito, o equilíbrio perfeito, a invencibilidade, a simplicidade, a beatitude, a felicidade."

Deepak Chopra.

As sete leis espirituais do sucesso.

"Sentia-me radiante. Pela primeira vez, chorei de alegria na colônia. Oh! Quem poderá entender, na Terra, semelhante júbilo? Por vezes, é preciso que se cale o coração no grandiloquente silêncio divino."

André Luiz pela psicografia de Chico Xavier.

Nosso lar.

Nossos problemas começam quando perdemos o contato com nossa natureza íntima e, em decorrência disso, sentimo-nos perdidos na vida. Passamos, então, a buscar nossa segurança externamente, o que provoca maior sofrimento, pois só podemos encontrá-la dentro de nós, sendo esta a nossa única realidade.

Para conseguirmos explorar nosso interior, descobrindo quem realmente somos, é necessário observarmos nossa mente pela amplitude da consciência, pois é ela que nos levará a entrar no espaço que existe entre um pensamento e outro: uma oportunidade de ver cada pensamento surgir junto com as emoções e com as reações vinculadas a ele. É nessa visão que encontramos a manifestação do nosso ser, do nosso espírito – a fonte da vida –, que, em sua origem, é silenciosa e amorosa.

Os pensamentos e os barulhos íntimos das emoções impedem o contato com nosso silêncio interior. Por isso, devemos deixá-los sair sem resistirmos a eles, apenas os observando sem julgamentos e os deixando ir embora a nível energético. Veremos, dessa forma, que, quando eles perdem a força, passamos a sentir com mais clareza o campo silencioso que existe em todo o universo. Nessa condição, entramos em contato com a potencialidade pura ou com o ser inteligente, de onde tudo emana.

Chegará o momento em que permaneceremos nesse modo de percepção o tempo todo, o que acontecerá quando perdermos a personalização. Afinal, se não existe o "eu", a vida se manifesta por meio de todos, concretizando, enfim, nosso contato com Deus.

Como humanos, somos seres individualizados e personalizados por forma e por nome. Já o espírito não está vinculado aos elementos que o revestem, desde o átomo até o universo, e sim à sua manifestação criadora. Por isso, aprendamos a despersonalizar naturalmente essa fonte de criação e beleza para resgatarmos nossa natureza essencial, ou seja, aprendamos a ser pelo que produzimos no fluxo da criação, pois é essa sensibilidade o princípio do amor, da criatividade e da fonte da inteligência que nasce da espontaneidade de ser. É o Maná que cai dos céus, no dizer de Moisés; o

Reino dos Céus, no dizer de Jesus; a Iluminação, no dizer de Buda.

Nesse estado, silencioso e vivo, estamos em contato conosco e sentimos a calma no eterno momento do agora, libertando-nos do movimento do passado, dos condicionamentos, do tempo e do espaço. Trata-se da serenidade profunda que se encontra no universo e em todos os lugares, a qual só poderemos sentir quando ela passar por nós.

Perguntas e respostas

O que é o espaço entre pensamentos?

É o momento em que a mente fica vazia de pensamentos, mesmo que apenas por alguns segundos. Quanto mais nos conhecermos, mais amplitude de tempo esse espaço terá.

Quando existem esses espaços entre os pensamentos, a mente está calma?

A calma pode emergir, sim, com base nesse intervalo. No entanto, o estado de calma se desenvolverá em nosso processo de autoconhecimento.

Ter a mente vazia é ser sereno?

Não. Estar com a mente vazia significa estar sem tumulto mental, mas isso ainda não significa que alcançamos o estado de serenidade, que é a presença de

Deus em nós. A importância do espaço vazio entre os pensamentos é pelo fato de ele favorecer o contato com nosso espírito.

Como podemos entender o estado de silêncio em nossa mente vazia?

Existe o silêncio mental, que é a ausência de pensamentos e de emoções, e existe o silêncio de Deus, que se reflete em nosso espírito e é ilimitadamente maior do que o silêncio da nossa mente. Nosso silêncio mental abrirá as portas para que o silêncio de Deus penetre em nós.

Atualmente, só conseguimos sentir o silêncio da mente. Contudo, com o autoconhecimento, tomaremos contato com nossa natureza íntima e, então, sentiremos o silêncio de Deus. Quando isso acontecer, não necessitaremos explicar aquilo que só pode ser sentido.

O que significa aprender a "ser pelo que produzimos no fluxo da criação"?

Ainda hoje, identificamo-nos com os efeitos da criação. Definimo-nos por sermos baixos, magros, altos, gordos, negros, brancos, pobres, ricos, bem como por nosso nome, nossa profissão, nossa família, nossos estados emocionais, etc. Contudo, somos chamados agora a ultrapassar essas referências e a nos vermos como uma fonte de criação.

Temos de aprender a ser no agora, a cada instante da ação do nosso espírito. Dessa maneira, ao falarmos, somos o ser que fala, mas não aquilo que falamos; ao andarmos, somos o ser que anda, e não a forma como andamos; ao pensarmos, somos o ser que pensa, e não aquilo que pensamos.

Registrando de forma lúcida as ações criadoras espontâneas e naturais de cada momento, somos o ser que produz, e não as coisas que produzimos.

Quando você diz que Deus está dentro de nós, podemos entender que somos Ele?

Não. Não somos Deus, apesar de Ele estar em nossa condição de espíritos.

Em determinado estágio de nossa evolução, concebemos Deus fora de nós. Contudo, é chegado o momento de descobrirmos que Ele está sempre em nós, pois, à medida que avançamos em nosso autoconhecimento, notamos que refletimos em nós a natureza de Deus.

Somos, portanto, seres em criação contínua?

Exatamente.

Buda, Moisés e Jesus são exemplos de seres que já vivem no fluxo da criação?

Sim. Tanto Cristo quanto Buda ou Moisés podem ser considerados exemplos de espíritos com essa capacidade, pois falam da fonte espiritual que lhes definem. Eles não foram instruídos de fora para dentro; ao contrário, suas falas se transformaram em um conjunto de inspiração seguido por muitas pessoas. Quando Jesus, Buda e Moisés falavam, suas expressões refletiam a percepção direta de seus próprios seres, pois eles falavam inspirados pela essência de seus espíritos. Essa mesma característica também será nossa, pois essa é a dinâmica que rege o universo.

Somos espíritos, mas as nossas respostas são frutos das lembranças dos nossos conhecimentos, e não de nossa essência. Se perguntássemos a Jesus "O que é o espírito?", ele poderia responder que é "a essência do meu próprio ser", e essa resposta viria do livro sagrado de Si mesmo.

Somos tão espíritos quanto Jesus, Buda e Moisés. Logo, chegará também o momento em que não precisaremos mais ouvir o que Eles dizem, pois entraremos em contato com o valor que há em nós e poderemos ler o nosso próprio livro sagrado.

Como poderemos aprender a ler na fonte de onde nasceram todos os ensinamentos dos livros sagrados?

Primeiramente, temos de ter consciência de que essa fonte se encontra ligada a cada um de nós, pois ela representa essencialmente o que somos.

Quando Jesus esteve entre nós, Ele não sentiu necessidade de escrever nada, pois já sabia "ler" na fonte de todo o universo, que é o livro sagrado de Deus. As pessoas que O acompanhavam tiveram o ímpeto de escrever, porque ainda não conseguiam ser o que Jesus já era – espírito puro –, não sendo capazes, portanto, de lerem a si mesmas.

Hoje, por não conseguirmos ler o nosso ser, procuramos fazê-lo baseados nas experiências de outros. Como esse aprendizado não nasceu em nós, ficamos presos à repetição e à adaptação dos recursos alheios. No dia em que sairmos dessa posição, estaremos lendo nessa fonte do que somos e não teremos mais necessidade de assimilar o que vem de fora.

A que Jesus se referiu quando disse que não teríamos mais sede quando bebêssemos da fonte que salta para a vida eterna?

Jesus se referiu a nós mesmos, pois essa água viva nasce da fonte espiritual do ser, a qual começa em Deus e passa por nós, seus filhos. Do espírito, nasce toda a força da vida.

Perder nossa personalização é perder todas as referências externas?

Não. Na despersonalização, não perdemos as referências externas, e sim o valor que damos a elas. Por exemplo, quando nos despersonalizamos, em vez de ficarmos presos aos nossos nomes, acreditando que somos "fulano de tal", somos chamados a usá-los para simples identificação em sociedade.

19

O ENCONTRO COM A PAZ

"A palavra iluminação transmite a ideia de uma conquista sobre-humana – e isso agrada ao ego –, mas é simplesmente o estado natural de sentir-se em unidade com o ser. É um estado de conexão com algo imensurável e indestrutível. Pode parecer um paradoxo, mas esse 'algo' é essencialmente você e, ao mesmo tempo, é muito maior do que você. A iluminação consiste em encontrar a verdadeira natureza por trás do nome e da forma."

Eckhart Tolle.

O poder do agora.

"Praticar o silêncio significa assumir o compromisso de reservar uma certa quantidade de tempo para simplesmente ser."

Deepak Chopra.

As sete leis espirituais do sucesso.

Ao nos investigarmos, é muito importante nos predispormos a uma condição natural de aceitação de quem somos, sem nos identificarmos ou termos de agir de acordo com as energias e com as formas em movimento contínuo. É essencial, portanto, que não nos julguemos nem criemos resistência em nos enxergar.

Um de nossos desafios é o fato de que, normalmente, não estamos cientes de nossos pensamentos e de nossas atitudes de julgamento ou resistência quando eles estão acontecendo. A proposta de nos estudarmos profundamente solicita discernimento do que somos a cada instante e em cada experiência da vida. Quando, por exemplo, julgamos nossas energias emocionais como negativas, criamos um bloqueio para estudá-las, o que nos impede de ver sua natureza e sustenta nossa distorção.

Por exemplo, aceitar que mentimos e não resistir a isso é o começo para transformar essa condição. Se estivermos cientes de nossa realidade, investigaremos a mentira e tudo que a envolve, observando todo o seu conteúdo emocional oriundo das ocorrências externas e internas. Passamos, com isso, a ter compreensão dos motivos pelo quais mentimos.

Estejamos, portanto, atentos a nosso julgamento e a nossa defesa, a nossos pensamentos e emoções, para que eles não nos impeçam de perceber, de forma direta e viva, aquilo que nos identifica com determinado comportamento. Só por meio dessa atitude, poderemos começar o processo de libertação de todos os nossos conflitos.

Se nos analisarmos internamente, perceberemos que somos um processo dinâmico e que, a cada momento, estamos sentindo e reagindo aos estímulos nas relações cotidianas. Se registrarmos as energias que emergem dessas relações e nos conscientizarmos delas sem reações e julgamentos, poderemos deixá-las sair naturalmente a nível energético. Dessa forma, livraremo-nos do ciclo retroalimentador dos pensamentos (os pensamentos multiplicam as emoções, que, por sua vez, instigam novos pensamentos similares ou repetitivos, e assim sucessivamente).

A aceitação energética de toda a nossa sombra íntima (raiva, medo, ciúmes, tristeza, etc.) proporcionará a libertação dessas emoções em uma realidade viva interior. O estado de presença e alerta se ampliará para todos os momentos sem esforço, de forma que começaremos a viver em uma condição meditativa natural e espontânea. Só desse modo poderemos abrir espaço para que o amor passe por nós.

Perguntas e respostas

Como podemos não nos identificar no processo de auto-observação?

No processo de identificação, tiramos conclusões antes de ver as emoções e os pensamentos em sua manifestação pura. Para evitar isso, precisamos ver esses aspectos sem a presença de julgamentos ou conclusões.

Por que devemos estar "atentos ao nosso julgamento e a nossa defesa, a nossos pensamentos e emoções [...]"?

Porque eles interferem na maneira como os observamos.

Quando pensamos que não damos conta de fazer algo e nos chamamos de fracos, estamos nos fechando à investigação da limitação que possuímos, o que é muito cômodo.

Um exemplo disso é a nossa relação com nossas mentiras. No momento em que constatamos que mentimos, podemos dizer: "Não posso mentir mais!" e, dessa maneira, paramos de ver a mentira com todas as causas que estão por trás dela. Esse é um julgamento de valor baseado no que idealizamos ser um dia: pessoas que não mentem.

Entretanto, esse ideal nunca vai nos levar a ser aquilo que desejamos, pois isso só pode ser alcançado por meio do estudo profundo sobre o que acontece conosco quando sentimos necessidade de mentir.

Como a defesa se encaixa nesse contexto?

Defendemo-nos por dois motivos básicos: a acomodação e a obtenção de benefícios. Ambos nos impedem de fazer a mudança que precisamos, pois nos levam a acreditar que estamos certos em nossas condições atuais.

Quando somos acomodados e nos chamam de mentirosos, elaboramos uma série de defesas, como: "Eu minto porque meus pais sempre mentiram para mim.", "Eu minto porque já percebi que quem mente se dá bem.", "Eu minto porque sou imperfeito.". Da mesma forma, quando procuramos benefícios, elaboramos defesas como: "Não faço o imposto de renda como deveria porque todos sonegam alguma coisa.", "Não revelo minha idade para que não me julguem por isso.", etc.

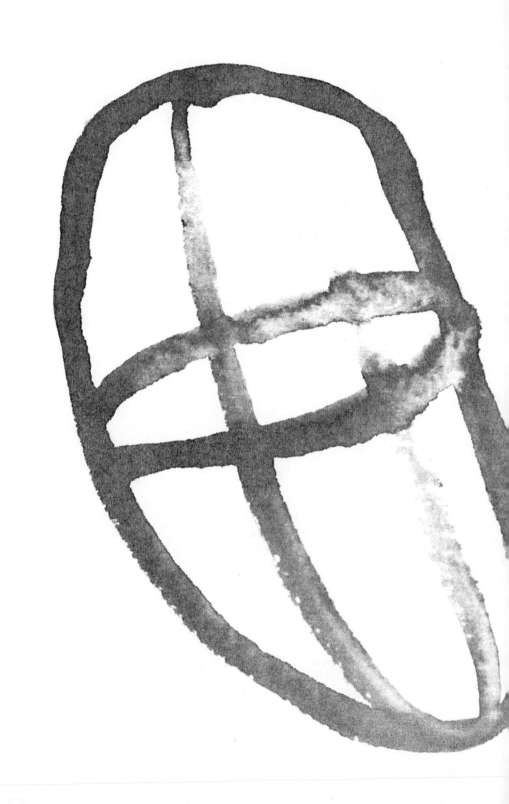

20
CONHECER OU SER A VERDADE?

"Deus criou todos os espíritos simples e ignorantes, isto é, sem saber. A cada um deu determinada missão, com o fim de esclarecê-los e de os fazer chegar progressivamente à perfeição, pelo conhecimento da verdade, para aproximá-los de si. Nessa perfeição é que eles encontram a pura e eterna felicidade. Passando pelas provas que Deus lhes impõe é que os espíritos adquirem aquele conhecimento."

Allan Kardec.

O livro dos espíritos, questão 115.

"Todo pensar é condicionado. Se observardes, vereis que não há livre pensamento, porque pensar é um movimento do passado, reação da memória. Entretanto, estamos fazendo uso do pensamento como meio de descobrir o verdadeiro! Mas o que é verdadeiro só pode ser descoberto quando a mente se acha tranquila de todo, sem ter sido posta tranquila, sem ter sido disciplinada, coagida. Só se torna existente a tranquilidade quando, por meio do autoconhecimento, se compreende a totalidade da mente. O autoconhecimento vem-nos pela vigilância, pela atenta observação do pensamento, observação em que não existe uma entidade observando o pensamento."

J. Krishnamurti.

Da solidão à plenitude humana.

Acostumamo-nos a acreditar que sabemos o que é a verdade, com base naquilo que conhecemos pelas referências externas ou reafirmando as expressões de outras pessoas, as quais, provavelmente, viveram essa verdade em sua mais ampla concepção e a expressaram, do mesmo modo que Jesus também o fez: "Conhecereis a verdade e ela vos libertará."[1]. Enganamo-nos, porquanto, pois sabermos o conceito da verdade não implica sabermos o que ela, de fato, é.

Em contato com os conteúdos que explicam, exemplificam e teorizam a verdade, passamos a repeti-los, sem saber do que estamos falando. Isso acontece porque os recursos da mente não podem expressar, por meio da fala, aquilo que é vivenciado, uma vez que o que sentimos não cabe nas expressões e nos recursos superficiais dos quais nossa mente dispõe. A verdade é o que somos essencialmente e, para começarmos a tomar contato com ela, devemos desmistificar todas as mentiras internas que trazemos como crenças.

Para melhor entendermos esse conteúdo, tomemos como exemplo a tentativa de dois professores para ensinar a uma criança o que é a alegria. O primeiro professor diz para a criança que "Alegria é quando estamos sorrindo."; "Alegria é quando nos sentimos satisfeitos.". O segundo apenas espera que a criança sinta alegria e lhe diz: "Isso que você está sentindo é alegria.". Nesse caso, a contribuição do segundo mestre permitiu a vivência da alegria com o objetivo de que a criança entendesse o conceito por meio de sua

[1] João 8:32.

própria experiência. É exatamente isso que devemos fazer em relação à verdade.

Os conceitos interpretativos da realidade, por mais belos e profundos que sejam, só têm significado se estamos diante deles, vivendo-os diretamente. A maioria de nós acredita cegamente em religiões, mestres ou afirmações científicas, repetindo ensinamentos, rituais, preces mecânicas e ações externas propostas por sua crença, sem ter noção daquilo que está fazendo. Acreditamos possuir e viver a verdade só por recitarmos frases, por imitarmos e repetirmos posturas.

Perdoarmos "setenta vezes sete"[2] sem termos compreendido profundamente as repercussões emocionais da agressão em nosso íntimo é perdoar da boca para fora. Perdoamos verdadeiramente apenas quando nos sentirmos tocados pela agressão, mas não somos conduzidos por ela, tendo a capacidade de trocar de lugar com o agressor, perdoando-o até que não tenhamos resquícios da mágoa e não necessitemos mais perdoar.

A verdade nasce do que somos, do que sentimos e de como reagimos. Estando no estado de atenção dinâmica, em cada momento de nossa vida, descobrimos que o que antes era válido não o é mais. Ao deixarmos de valorizar ou de alimentar a crença anterior, a verdade vem à tona, acompanhada de uma percepção

[2] Mateus 18:22.

inteligente, a qual nos permite ver as coisas com maior nitidez. É a sabedoria nascendo da compreensão.

Desenvolvendo no autoconhecimento, em estado de consciência e alerta, a tranquilidade e a quietude, seremos levados a um novo padrão de vida.

A verdade está no que é e suas forças nascem na quietude e no silêncio, de forma que, se nos colocarmos nesse estado, não precisaremos nos esforçar ou criar resistência com relação a esse processo, pois ele será natural.

Perguntas e respostas

Como nos acostumamos a acreditar que sabemos o que é a verdade?

Em nosso dia a dia, quando repetimos versículos do Evangelho, como "Conhecereis a verdade e ela vos libertará", o fazemos como se soubéssemos o que é a verdade, mas, de fato, não sabemos quase nada sobre ela. A consequência direta dessas nossas ações irrefletidas é o fato de acabarmos acreditando que somos seres conscientes, praticantes de alguma religião ou mesmo detentores verdadeiros de algum conhecimento espiritual, interior.

O saber nos prega muitas peças. Quando falamos "Deus é a inteligência suprema do universo", agimos como se compreendêssemos profundamente a mensagem incutida nessa frase. No entanto, se nos pedirem uma explicação um pouco mais profunda sobre o significado dessa definição, provavelmente responderemos: "Não sei mais o que está escrito aí.". Esse saber superficial nos impede de investigarmos nossa intimidade à procura da verdade sobre as coisas.

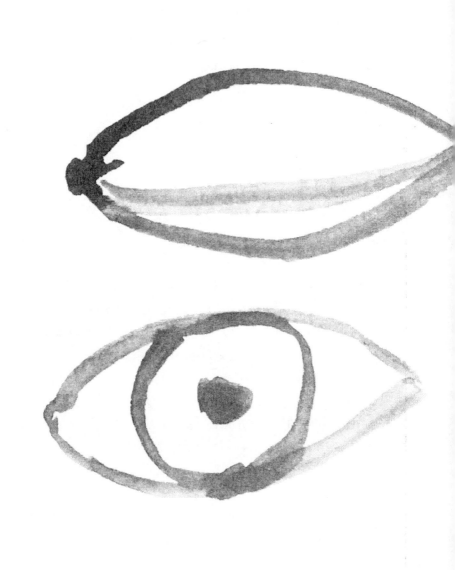

21

O DESPERTAR DO SER

"A iluminação significa chegar a um nível acima do pensamento, e não em ficar abaixo dele, ao nível de um animal ou de uma planta. No estado iluminado, continuamos a usar nossas mentes quando necessário, mas de um modo mais focalizado e eficiente. Assim, utilizando nossas mentes com objetivos práticos, não ouvimos mais o diálogo interno involuntário e sentimos uma enorme serenidade interior."

Eckhart Tolle.

O poder do agora.

"Lembremo-nos de que o Eterno Benfeitor, em sua lição verbal, fixou na forma imperativa a advertência a que nos referimos: 'Brilhe vossa luz'. Isso quer dizer que o potencial de luz do nosso espírito deve fulgir em sua grandeza plena. E semelhante feito somente poderá ser atingido pela educação que nos propicie o justo burilamento."

Emmanuel pela psicografia de Chico Xavier.

Pensamento e vida.

É importante descobrir se o que chamamos de iluminação, beatitude, divindade ou bem-aventurança é realidade em nossas vidas ou se apenas nos iludimos, com base em toda a gama de informações e de propostas que nos vincula ao processo externo de autoconhecimento.

É certo que desenvolvemos um grau de crescimento racional e uma atitude de operosidade em torno daquilo que conhecemos, porém, isso não significa que conseguimos aplicar esse conhecimento, o que faz com que, muitas vezes, entremos em contradição entre o que conhecemos e o que somos. Esta é uma das consequências do funcionamento da mente em nossos relacionamentos: em alguns momentos, sentimo-nos elevados e nobres, compartilhando leveza e suavidade; em outros, uma carga de emoções perturbadoras assume nossas características íntimas, criando confusão e sofrimento.

Viver é um convite para ser a cada momento, simplesmente ser, de modo que assumir uma postura exterior de sublimação é iludir-se. Logo, mesmo que sejamos envolvidos por um ambiente que esteja em paz, esta não nos domina, pois vem do exterior ou de uma postura pré-moldada. Por mais elevadas que sejam as informações que recebemos, se elas não forem sentidas em nossa intimidade, estaremos criando um sistema de mistificação, além, é claro, de conflito e de luta íntima.

É necessário, então, que a paz se faça em nosso ser e, para isso, é importante constatar o movimento vivo de nós mesmos a cada momento, em um estado de "presença".[1] A iluminação se dá ao acendermos a luz da consciência para obtermos uma claridade pessoal diante de tudo o que nos acontece, fazendo surgir uma nova inteligência, que atua sobre os aspectos da vida. Nesse despertar, não há isolamento do mundo que nos cerca, o que fortalece nossa capacidade de não sermos mais moldados pelos interesses que estão de fora. Portanto, se conquistarmos algum tipo de claridade interior, conseguiremos constatá-la por meio de nossos relacionamentos.

[1] Expressão usada por Eckhart Tolle em sua obra *O poder do agora*.

Expandir nossa consciência, transformando-a numa condição de ganho, é distorcê-la, caindo na velha armadilha. Quando não constatamos nossa mente agindo dessa maneira, estabelecemos um combate entre dois campos opostos: o que devemos ou o que queremos ser contra o que somos. Abrimo-nos, dessa maneira, à desconfiança, ao desapontamento e à depressão.

Devemos investigar, portanto, todas as armadilhas existentes nos conceitos e nas conclusões que carregamos, pois estes nos guiam a respeito de como devemos ser tentando padronizar nosso comportamento. Se, em nossa condição espiritual infantil, precisávamos de trilhos para não errar, na nova maneira de viver, necessitamos de um despertar próprio, de um caminho individual que dê conta de todo o processo vivo que carregamos.

A adequação de qualquer verdade que não esteja em nós é uma forma de superficializar nosso comportamento, de "exteriorizar" nossas ações. Por mais belas que sejam as palavras que nos inspiram, se elas não nascerem das fontes íntimas, do poço de água viva[2], voltaremos a ter sede.

Criemos nosso próprio caminho a partir de agora. Este é o momento do autodescobrimento, do autoconhecimento. É chegada a hora de desenvolvermos

[2] João 4:14.

virtudes originadas de uma noção da moral que emana da essência do ser, como forma direcionadora para a construção de uma nova vida. Nela, conseguiremos alcançar o princípio da leveza no viver e a própria descoberta da escrita de Deus em nós.

Nossa vida se torna mais suave nesse novo nível de consciência, no qual nos libertamos de nossos problemas, resgatamos o vínculo com o Criador e refletimos a inteligência do universo no espelho de nossa alma.

O amor, que é fonte de Deus, abre-nos as portas para tomarmos contato com Sua grandeza, legitimando a nossa origem divina. Renascidos, então, afirmaremos com Jesus: "Eu e o Pai somos um."[3]

Perguntas e respostas

Há ilusão no fato de transformar as informações e as propostas em meras instruções?

Sim, pois é justamente a nossa crença ilusória que nos afasta do processo investigativo a respeito de nós mesmos. Receber informações exteriores, apesar de nos enriquecer racionalmente, não faz com que entremos em contato com nosso íntimo, já que o autoconhecimento não é desenvolvido por uma crença, mas, sim, pela vivência de cada momento.

[3] João 10:30.

Como tentamos transformar em ganho o nosso processo de autoconhecimento?

Quando nos dispomos a alguma mudança ou a alguma atividade, temos a tendência de achar que vamos ganhar algo em troca. Com o autoconhecimento, pensamos em adquirir virtudes, liberdade, paciência, paz, alegria de viver e tantos outros valores que enriquecem nossas vidas. Contudo, não vamos ganhar essencialmente nada, mas, sim, desenvolver certas habilidades e comportamentos.

Em troca, alcançamos alguma evolução?

Sim. O desenvolvimento do autoconhecimento se concretiza em uma forma de evolução, pois, com ele, despertamos e passamos a nos perceber como espíritos, independentemente de estarmos encarnados ou não.

Como a adequação de qualquer verdade é uma forma de superficializar nosso comportamento?

Um exemplo de adequação da verdade pode ser observado quando aprendemos sobre a caridade e decidimos colocá-la em prática. Nesse caso, tendo somente aprendido sobre ela sem a sentir ou compreender, por mais que a exteriorizemos, esta será uma ação superficial.

Então, fazer campanha do quilo, por exemplo, não é uma forma de fazer caridade?

Sim, é. O que devemos observar, nesse caso, é que, muitas vezes, fazemos apenas caridade, mas não somos caridosos. Se tivermos um pouco mais de atenção, poderemos notar que, algumas vezes, executamos essa tarefa de olho no relógio. Da mesma forma, quando alguém não nos recebe bem, ficamos indignados. Ainda, ao pedirmos, o fazemos como se fosse uma obrigação do outro nos dar alguma coisa. Percebemos, por fim, que estamos mais preocupados em receber mantimentos do que dirigir um sorriso e a nossa amizade a quem nos atende. Quando agimos dessa maneira, estamos alheios a todos os potenciais de crescimento que essa tarefa pode nos proporcionar. Enganamo-nos quando chegamos à conclusão de que somos caridosos pelo simples fato de participar de uma campanha do quilo, adequando a verdade em favor de nosso bem-estar.

FICHA TÉCNICA

Título
A Verdade Além das Aparências: o universo interior

Autoria
Samuel Gomes

Edição
1ª

Editora
Dufaux (Belo Horizonte MG)

ISBN
978-85-63365-56-9

Capa e ilustrações
Tiago Macedo

Revisão ortográfica
Débora Couto e Thaísa Moreira

Revisão da diagramação
Nilma Helena

Projeto gráfico e diagramação
César França de Oliveira

Coordenação e preparação de originais
Maria José da Costa e Nilma Helena

Composição
Adobe Indesign CS6, plataforma Windows

Páginas
277

Tamanho do miolo
Miolo 16 x 23 cm
Capa 16 x 23 cm

Tipografia
Texto principal: Garamond, 13, 17,5
Título: D Sari, 25
Notas de rodapé: Garamond, 10, 12

Margens
25mm: 20mm: 30mm: 20mm
(superior:inferior:interna;externa)

Papel
Miolo Avena 80 g/m2
Capa Polen 250 g/m2

Cores
Miolo 1x1 cores CMYK
Capa em 4x0 cores CMYK

Impressão
AtualDV
(Curitiba/PR)

Acabamento
Miolo: brochura, cadernos colados.
Capa: brochura, laminação BOPP fosca.

Tiragem
Sob Demanda

Produção
Maio- 2021

SÉRIE REFLEXÕES DIÁRIAS

PARA SENTIR DEUS

Nos momentos atuais da humanidade sentimos extrema necessidade da presença de Deus. Ermance Dufaux resgata, para cada um, múltiplas formas de contato com Ele, de como senti-Lo em nossas vidas, nas circunstâncias que nos cercam e nos semelhantes que dividem conosco a jornada reencarnatória. Ver, ouvir e sentir Deus em tudo e em todos.

Wanderley Oliveira | Ermance Dufaux
11 x 15,5 cm
133 páginas

Somente

LIÇÕES PARA O AUTOAMOR

Mensagens de estímulo na conquista do perdão, da aceitação e do amor a si mesmo. Um convite à maravilhosa jornada do autoconhecimento que nos conduzirá a tomar posse de nossa herança divina.

Wanderley Oliveira | Ermance Dufaux
11 x 15,5 cm
128 páginas

Somente

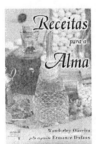

RECEITAS PARA A ALMA

Mensagens de conforto e esperança, com pequenos lembretes sobre a aplicação do Evangelho para o dia a dia. Um conjunto de propostas que se constituem em verdadeiros remédios para nossas almas.

Wanderley Oliveira | Ermance Dufaux
11 x 15,5 cm
146 páginas

Somente

 ## SÉRIE CULTO NO LAR

VIBRAÇÕES DE PAZ EM FAMÍLIA

Quando a família se reúne para orar, ou mesmo um de seus componentes, o ambiente do lar melhora muito. As preces são emissões poderosas de energia que promovem a iluminação interior. A oração em família traz paz e fortalece, protege e ampara a cada um que se prepara para a jornada terrena rumo à superação de todos os desafios.

Wanderley Oliveira | Ermance Dufaux
16 x 23 cm
212 páginas

JESUS - A INSPIRAÇÃO DAS RELAÇÕES LUMINOSAS

Após o sucesso de "Emoções que curam", o espírito Ermance Dufaux retorna com um novo livro baseado nos ensinamentos do Cristo, destacando que o autoamor é a garantia mais sólida para a construção de relacionamentos luminosos.

Wanderley Oliveira | Ermance Dufaux
16 x 23 cm
304 páginas

REGENERAÇÃO - EM HARMONIA COM O PAI

Nos dias em que a Terra passa por transformações fundamentais, ampliando suas condições na direção de se tornar um mundo regenerado, é necessário desenvolvermos uma harmonia inabalável para aproveitar as lições que esses dias nos proporcionam por meio das nossas decisões e das nossas escolhas, [...].

Samuel Gomes | Diversos Espíritos
14 x 21 cm
223 páginas

AMOROSIDADE - A CURA DA FERIDA DO ABANDONO

Uma das mais conhecidas prisões emocionais na atualidade é a dor do abandono, a sensação de desamparo. Essa lesão na alma responde por larga soma de aflições em todos os continentes do mundo. Não há quem não esteja carente de ser protegido e acolhido, amado e incentivado nas lutas de cada dia.

Wanderley Oliveira | Ermance Dufaux
16 x 23 cm
300 páginas

SÉRIE DESAFIOS DA CONVIVÊNCIA

QUEM SABE PODE MUITO. QUEM AMA PODE MAIS

A lição central desta obra é mostrar que o conhecimento nem sempre é suficiente para garantir a presença do amor nas relações. "Estar informado é a primeira etapa. Ser transformado é a etapa da maioridade." - Eurípedes Barsanulfo.

Wanderley Oliveira | José Mário
16 x 23 cm
312 páginas

QUEM PERDOA LIBERTA - ROMPER OS FIOS DA MÁGOA ATRAVÉS DA MISERICÓRDIA

Continuação do livro "QUEM SABE PODE MUITO. QUEM AMA PODE MAIS" dando sequência à trilogia "Desafios da Convivência".

Wanderley Oliveira | José Mário
16 x 23 cm
320 páginas

[ebook]

SERVIDORES DA LUZ NA TRANSIÇÃO PLANETÁRIA

Nesta obra recebemos o convite para nos integrar nas fileiras dos Servidores da Luz, atuando de forma consciente diante dos desafios da transição planetária. Brilhante fechamento da trilogia.

Wanderley Oliveira | José Mário
14x21 cm
298 páginas

[ebook]

SÉRIE HARMONIA INTERIOR

LAÇOS DE AFETO - CAMINHOS DO AMOR NA CONVIVÊNCIA

Uma abordagem sobre a importância do afeto em nossos relacionamentos para o crescimento espiritual. São textos baseados no dia a dia de nossas experiências. Um estímulo ao aprendizado mais proveitoso e harmonioso na convivência humana.

Wanderley Oliveira | Ermance Dufaux
16 x 23 cm
312 páginas

[ebook] [ESPANHOL]

MEREÇA SER FELIZ - SUPERANDO AS ILUSÕES DO ORGULHO

Um estudo psicológico sobre o orgulho e sua influência em nossa caminhada espiritual. Ermance Dufaux considera essa doença moral como um dos mais fortes obstáculos à nossa felicidade, porque nos leva à ilusão.

Wanderley Oliveira | Ermance Dufaux
16 x 23 cm
296 páginas

[ebook] [ESPANHOL]

REFORMA ÍNTIMA SEM MARTÍRIO - AUTOTRANSFORMAÇÃO COM LEVEZA E ESPERANÇA

As ações em favor do aperfeiçoamento espiritual dependem de uma relação pacífica com nossas imperfeições. Como gerenciar a vida íntima sem adicionar o sofrimento e sem entrar em conflito consigo mesmo?

Wanderley Oliveira | Ermance Dufaux
16 x 23 cm
288 páginas

 [ESPANHOL] [INGLÊS]

ESCUTANDO SENTIMENTOS - A ATITUDE DE AMAR-NOS COMO MERECEMOS

Ermance afirma que temos dado passos importantes no amor ao próximo, mas nem sempre sabemos como cuidar de nós, tratando-nos com culpas, medos e outros sentimentos que não colaboram para nossa felicidade.

Wanderley Oliveira | Ermance Dufaux
16 x 23 cm
256 páginas

 [ESPANHOL]

PRAZER DE VIVER - CONQUISTA DE QUEM CULTIVA A FÉ E A ESPERANÇA

Neste livro, Ermance Dufaux, com seus ensinos, nos auxilia a pensar caminhos para alcançar nossas metas existenciais, a fim de que as nossas reencarnações sejam melhor vividas e aproveitadas.

Wanderley Oliveira | Ermance Dufaux
16 x 23 cm
248 páginas

DIFERENÇAS NÃO SÃO DEFEITOS - A RIQUEZA DA DIVERSIDADE NAS RELAÇÕES HUMANAS

Ninguém será exatamente como gostaríamos que fosse. Quando aprendemos a conviver bem com os diferentes e suas diferenças, a vida fica bem mais leve. Aprenda esse grande SEGREDO e conquiste sua liberdade pessoal.

Wanderley Oliveira | Ermance Dufaux
16 x 23 cm
248 páginas

EMOÇÕES QUE CURAM - CULPA, RAIVA E MEDO COMO FORÇAS DE LIBERTAÇÃO

Um convite para aceitarmos as emoções como forma terapêutica de viver, sintonizando o pensamento com a realidade e com o desenvolvimento da autoaceitação.

Wanderley Oliveira | Ermance Dufaux
16 x 23 cm
272 páginas

SÉRIE AUTOCONHECIMENTO

QUAL A MEDIDA DO SEU AMOR?

Propõe revermos nossa forma de amar, pois estamos mais próximos de uma visão particularista do que de uma vivência autêntica desse sentimento. Superar limites, cultivar relações saudáveis e vencer barreiras emocionais são alguns dos exercícios na construção desse novo olhar.

Wanderley Oliveira | Ermance Dufaux
16 x 23 cm
208 páginas

APAIXONE-SE POR VOCÊ

Você já ouviu alguém dizer para outra pessoa: "minha vida é você"?
Enquanto o eixo de sua sustentação psicológica for outra pessoa, a sua vida estará sempre ameaçada, pois o medo da perda vai rondar seus passos a cada minuto.

Wanderley Oliveira
16 x 23 cm
152 páginas

DESCOMPLIQUE, SEJA LEVE

Um livro de mensagens para apoiar sua caminhada na aquisição de uma vida mais suave e rica de alegrias na convivência.

Wanderley Oliveira
16 x 23 cm
238 páginas

A VERDADE ALÉM DAS APARÊNCIAS - O UNIVERSO INTERIOR

Liberte-se da ansiedade e da angústia, direcionando o seu espírito para o único tempo que realmente importa: o presente. Nele você pode construir um novo olhar, amplo e consciente, que levará você a enxergar a verdade além das aparências.

Samuel Gomes
14 x 21 cm
272 páginas

7 CAMINHOS PARA O AUTOAMOR

O tema central dessa obra é o autoamor que, na concepção dos educadores espirituais, tem na autoestima o campo elementar para seu desenvolvimento. O autoamor é algo inato, herança divina, enquanto a autoestima é o serviço laborioso e paciente de resgatar essa força interior, ao longo do caminho de volta à casa do Pai.

Wanderley Oliveira | Pai João de Angola
16 x 23 cm
272 páginas

FALA, PRETO VELHO

Um roteiro de autoproteção energética através do autoamor. Os textos aqui desenvolvidos permitem construir nossa proteção interior por meio de condutas amorosas e posturas mentais positivas, para criação de um ambiente energético protetor ao redor de nossas vidas.

Wanderley Oliveira | Pai João de Angola
16 x 23 cm
291 páginas

DEPRESSÃO E AUTOCONHECIMENTO - COMO EXTRAIR PRECIOSAS LIÇÕES DESSA DOR

A proposta de tratamento complementar da depressão aqui abordada tem como foco a educação para lidar com nossa dor, que muito antes de ser mental, é moral.

Wanderley Oliveira
16 x 23 cm
235 páginas

APOCALIPSE SEGUNDO A ESPIRITUALIDADE - O DESPERTAR DE UMA NOVA CONSCIÊNCIA

Num curso realizado em uma colônia do plano espiritual, o livro Apocalipse, de João Evangelista, é estudado de forma dinâmica e de fácil entendimento, desvendando a simbologia das figuras místicas sob o enfoque do autoconhecimento.

Samuel Gomes
16 x 23 cm
313 páginas

A REDENÇÃO DE UM EXILADO

A obra traz informações sobre a formação da civilização, nos primórdios da Terra, que contou com a ajuda do exílio de milhões de espíritos mandados para cá para conquistar sua recuperação moral e auxiliar no desenvolvimento das raças e da civilização. É uma narrativa do Apóstolo Lucas, que foi um desses enviados, e que venceu suas dificuldades íntimas para seguir no trabalho orientado pelo Cristo.

Samuel Gomes | Lucas
16 x 23 cm
368 páginas

e-book

CONECTE-SE A VOCÊ - O ENCONTRO DE UMA NOVA MENTALIDADE QUE TRANSFORMARÁ A SUA VIDA

Este livro vai te estimular na busca de quem você é verdadeiramente. Com leitura de fácil assimilação, ele é uma viagem a um país desconhecido que, pouco a pouco, revela características e peculiaridades que o ajudarão a encontrar novos caminhos. Para esta viagem, você deve estar conectado a sua essência. A partir daí, tudo que você fizer o levará ao encontro do propósito que Deus estabeleceu para sua vida espiritual.

Rodrigo Ferretti
16 x 23 cm
256 páginas

e-book

SÉRIE REGENERAÇÃO

FUTURO ESPIRITUAL DA TERRA

As necessidades, as estruturas perispirituais e neuropsíquicas, o trabalho, o tempo, as características sociais e os próprios recursos de natureza material se tornarão bem mais sutis. O futuro já está em construção e André Luiz, através da psicografia de Samuel Gomes, conta como será o Futuro Espiritual da Terra.

Samuel Gomes | André Luiz
16 x 23 cm
344 páginas

e-book

XEQUE-MATE NAS SOMBRAS - A VITÓRIA DA LUZ

André Luiz traz notícias das atividades que as colônias espirituais, ao redor da Terra, estão realizando para resgatar os espíritos que se encontram perdidos nas trevas e conduzi-los a passar por um filtro de valores, seja para receberem recursos visando a melhorar suas qualidades morais – se tiverem condições de continuar no orbe – seja para encaminhá-los ao degredo planetário.

Samuel Gomes | André Luiz
16 x 23 cm
212 páginas

A DECISÃO - CRISTOS PLANETÁRIOS DEFINEM O FUTURO ESPIRITUAL DA TERRA

"Os Cristos Planetários do Sistema Solar e de outros sistemas se encontram para decidir sobre o futuro da Terra na sua fase de regeneração. Numa reunião que pode ser considerada, na atualidade, uma das mais importantes para a humanidade terrestre, Jesus faz um pronunciamento direto sobre as diretrizes estabelecidas por Ele para este período."

Samuel Gomes | André Luiz e Chico Xavier
16 x 23 cm
210 páginas

SÉRIE ESTUDOS DOUTRINÁRIOS

ATITUDE DE AMOR

Opúsculo contendo a palestra "Atitude de Amor" de Bezerra de Menezes, o debate com Eurípedes Barsanulfo sobre o período da maioridade do Espiritismo e as orientações sobre o "movimento atitude de amor". Por uma efetiva renovação pela educação moral.

Wanderley Oliveira | Ermance Dufaux e Cícero Pereira
14 x 21 cm
94 páginas

SEARA BENDITA

Um convite à reflexão sobre a urgência de novas posturas e conceitos. As mudanças a adotar em favor da construção de um movimento social capaz de cooperar com eficácia na espiritualização da humanidade.

Wanderley Oliveira e Maria José Costa | Diversos Espíritos
14 x 21 cm
284 páginas

Gratuito em nosso site, somente em:

NOTÍCIAS DE CHICO

"Nesta obra, Chico Xavier afirma com seu otimismo natural que a Terra caminha para uma regeneração de acordo com os projetos de Jesus, a caracterizar-se pela tolerância humana recíproca e que precisamos fazer a nossa parte no concerto projetado pelo Orientador Maior, principalmente porque ainda não assumimos responsabilidades mais expressivas na sustentação das propostas elevadas que dizem respeito ao futuro do nosso planeta."

Samuel Gomes | Chico Xavier
16 x 23 cm
181 páginas

SÉRIE ROMANCE MEDIÚNICO

OS DRAGÕES - O DIAMANTE NO LODO NÃO DEIXA DE SER DIAMANTE

Um relato leve e comovente sobre nossos vínculos com os grupos de espíritos que integram as organizações do mal no submundo astral.

Wanderley Oliveira | Maria Modesto Cravo
16 x 23cm
522 páginas

LÍRIOS DE ESPERANÇA

Ermance Dufaux alerta os espíritas e lidadores do bem de um modo geral, para as responsabilidades urgentes da renovação interior e da prática do amor neste momento de transição evolutiva, através de novos modelos de relação, como orientam os benfeitores espirituais.

Wanderley Oliveira | Ermance Dufaux
16 x 23 cm
508 páginas

AMOR ALÉM DE TUDO

Regras para seguir e rótulos para sustentar. Até quando viveremos sob o peso dessas ilusões? Nessa obra reveladora, Dr. Inácio Ferreira nos convida a conhecer a verdade acima das aparências. Um novo caminho para aqueles que buscam respeito às diferenças e o AMOR ALÉM DE TUDO.

Wanderley Oliveira | Inácio Ferreira
16 x 23 cm
252 páginas

ABRAÇO DE PAI JOÃO

Pai João de Angola retorna com conceitos simples e práticos, sobre os problemas gerados pela carência afetiva. Um romance com casos repletos de lutas, desafios e superações. Esperança para que permaneçamos no processo de resgate das potências divinas de nosso espírito.

Wanderley Oliveira | Pai João de Angola
16 x 23 cm
224 páginas

UM ENCONTRO COM PAI JOÃO

A obra também fala do valor de uma terapia, da necessidade do autoconhecimento, dos tipos de casamentos programados antes do reencarne, dos processos obsessivos de variados graus e do amparo de Deus para nossas vidas por meio dos amigos espirituais e seus trabalhadores encarnados. Narra também em detalhes a dinâmica das atividades socorristas do centro espírita.

Wanderley Oliveira | Pai João de Angola
16 x 23 cm
220 páginas

O LADO OCULTO DA TRANSIÇÃO PLANETÁRIA

O espírito Maria Modesto Cravo aborda os bastidores da transição planetária com casos conectados ao astral da Terra.

Wanderley Oliveira | Maria Modesto Cravo
16 x 23 cm
288 páginas

PERDÃO - A CHAVE PARA A LIBERDADE

Neste romance revelador, conhecemos Onofre, um pai que enfrenta a perda de seu único filho com apenas oito anos de idade. Diante do luto e diversas frustrações, um processo desafiador de autoconhecimento o convida a enxergar a vida com um novo olhar. Será essa a chave para a sua libertação?

Adriana Machado | Ezequiel
14 x 21 cm
288 páginas

1/3 DA VIDA - ENQUANTO O CORPO DORME A ALMA DESPERTA

A atividade noturna fora da matéria representa um terço da vida no corpo físico, e é considerada por nós como o período mais rico em espiritualidade, oportunidade e esperança.

Wanderley Oliveira | Ermance Dufaux
16 x 23 cm
279 páginas

NEM TUDO É CARMA, MAS TUDO É ESCOLHA

Somos todos agentes ativos das experiências que vivenciamos e não há injustiças ou acasos em cada um dos aprendizados.

Adriana Machado | Ezequiel
16 x 23 cm
536 páginas

SÉRIE ESPÍRITOS DO BEM

GUARDIÕES DO CARMA - A MISSÃO DOS EXUS NA TERRA

Pai João de Angola quebra com o preconceito criado em torno dos exus e mostra que a missão deles na Terra vai além do que conhecemos. Na verdade, eles atuam como guardiões do carma, nos ajudando nos principais aspectos de nossas vidas.

Wanderley Oliveira | Pai João de Angola
16 x 23 cm
288 páginas

GUARDIÃS DO AMOR - A MISSÃO DAS POMBAGIRAS NA TERRA

"São um exemplo de amor incondicional e de grandeza da alma. São mães dos deserdados e angustiados. São educadoras e desenvolvedoras do sagrado feminino, e nesse aspecto são capazes de ampliar, nos homens e nas mulheres, muitas conquistas que abrem portas para um mundo mais humanizado, [...]".

Wanderley Oliveira | Pai João de Angola
16 x 23 cm
232 páginas

GUARDIÕES DA VERDADE - NADA FICARÁ OCULTO

Neste momento de batalhas decisivas rumo aos tempos da regeneração, esta obra é um alerta que destaca a importância da autenticidade nas relações humanas e da conduta ética como bases para uma forma transparente de viver. A partir de agora, nada ficará oculto, pois a Verdade é o único caminho que aguarda a humanidade para diluir o mal e se estabelecer na realidade que rege o universo.

Wanderley Oliveira | Pai João de Angola
16 x 23 cm
236 páginas

SÉRIE FAMÍLIA E ESPIRITUALIDADE

UM JOVEM OBSESSOR - A FORÇA DO AMOR NA REDENÇÃO ESPIRITUAL

Um jovem conta sua história, compartilhando seus problemas após a morte, falando sobre relacionamentos, sexo, drogas e, sobretudo, da força do amor na redenção espiritual.

Adriana Machado | Jefferson
16 x 23 cm
392 páginas

ebook

UM JOVEM MÉDIUM - CORAGEM E SUPERAÇÃO PELA FORÇA DA FÉ

A mediunidade é um canal de acesso às questões de vidas passadas que ainda precisam ser resolvidas. O livro conta a história do jovem Alexandre que, com sua mediunidade, se torna o intermediário entre as histórias de vidas passadas daqueles que o rodeiam tanto no plano físico quanto no plano espiritual. Surpresos com o dom mediúnico do menino, os pais, de formação Católica, se veem às voltas com as questões espirituais que o filho querido traz para o seio da família.

Adriana Machado | Ezequiel
16 x 23 cm
365 páginas

SÉRIE CONSCIÊNCIA DESPERTA

SAIA DO CONTROLE - UM DIÁLOGO TERAPEUTICO E LIBERTADOR ENTRE A MENTE E A CONSCIÊNCIA

Agimos de forma instintiva por não saber observar os pensamentos e emoções que direcionam nossas ações de forma condicionada. Por meio de uma observação atenta e consciente, identificando o domínio da mente em nossas vidas, passamos a viver conscientes das forças internas que nos regem.

Rossano Sobrinho
16 x 23 cm
268 páginas